本书获得国家社会科学基金"中俄贸易西通道经济走廊：贸易、产业与通道能力研究"（编号：20BGL015）和新疆维吾尔自治区社会科学基金"高质量发展视域下新疆产业升级的战略选择、机遇窗口与创新体系研究"（编号：2023BJL046）的资助。

区域协同创新研究

——以京津冀为例——

赵成伟　孙景兵　王海灵◎著

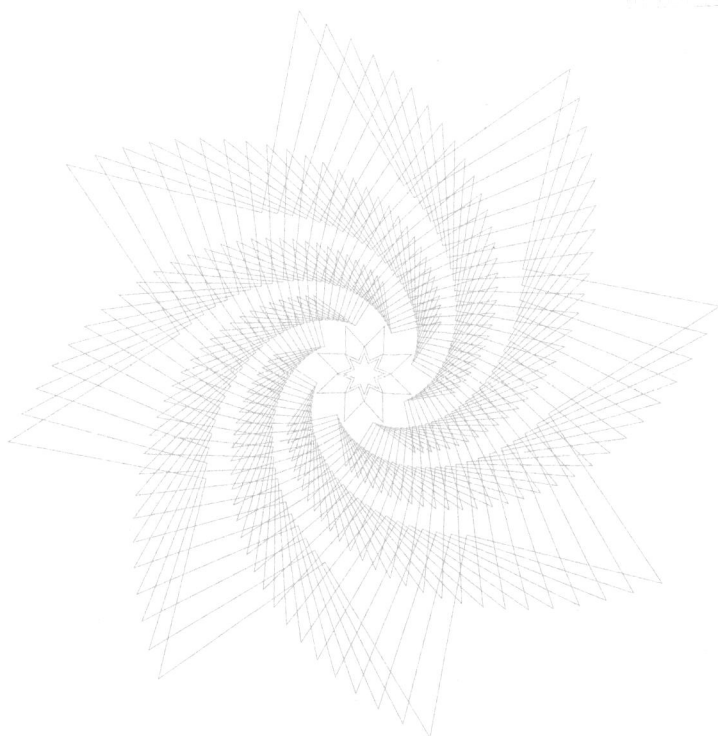

U0657734

科学技术文献出版社

SCIENTIFIC AND TECHNICAL DOCUMENTATION PRESS

·北京·

图书在版编目（CIP）数据

区域协同创新研究：以京津冀为例 / 赵成伟，孙景兵，王海灵著. —北京：科学技术文献出版社，2023.6

ISBN 978-7-5189-9765-7

Ⅰ.①区… Ⅱ.①赵… ②孙… ③王… Ⅲ.①区域经济—国家创新系统—研究—华北地区 Ⅳ.① F127.2

中国版本图书馆 CIP 数据核字（2022）第 205916 号

区域协同创新研究——以京津冀为例

策划编辑: 张 闫　责任编辑: 张 丹 邱晓春　责任校对: 张永霞　责任出版: 张志平

出　版　者	科学技术文献出版社	
地　　　址	北京市复兴路15号　邮编　100038	
编　务　部	(010) 58882938，58882087（传真）	
发　行　部	(010) 58882868，58882870（传真）	
邮　购　部	(010) 58882873	
官 方 网 址	www.stdp.com.cn	
发　行　者	科学技术文献出版社发行　全国各地新华书店经销	
印　刷　者	北京厚诚则铭印刷科技有限公司	
版　　　次	2023 年 6 月第 1 版　2023 年 6 月第 1 次印刷	
开　　　本	710×1000　1/16	
字　　　数	166千	
印　　　张	12	
书　　　号	ISBN 978-7-5189-9765-7	
定　　　价	47.00元	

序　一

从中国科学技术发展战略研究院完成博士后科研工作之时，也就是本书即将付梓之际。回想在战略院度过的一年零十个月的时光，确实收益颇丰，这段时间是自己真正能坐下来做科学研究的时间，而战略院恰好提供了这么一个良好环境，使我能够专心做学术。我的博士后合作导师刘冬梅研究员，为我的写作提供了莫大的帮助，从开始的题目选定、框架设计到后期的修改完善都做了精心的指导。在战略院期间，我先后在统计所和区域所学习了一段时间。在统计所，玄兆辉所长和同事们一丝不苟的工作态度值得学习；区域所更像是一个大家庭，在这里认识了陈诗波研究员，我们亦师亦友。此外，还有战略院的整个博士后团体，他们是我一起奋斗的战友。

即将迎来人生的不惑之年，还有机会奔赴3000千米之外的新疆，确实是充满挑战和非常刺激的一件事情。在这里不得不感谢妻子马琳英明大胆的决策，纵然家里有不满百天的小女儿、处于青春期的大儿子，她毅然决然地支持我去新疆，这是对我工作能力、为人品性的信任，更是体现了一种敢于承担家庭重任的精神，这也是她一贯的处事方式。故我没有任何理由不努力工作，没有任何理由不专心做学问，这也应该是我回报整个家庭的最好方式。

新疆大学属于地方高水平大学，承担着推动区域发展和国家发展战略的重任。习近平总书记在2022年7月视察新疆时，第一站就来到了新疆大学，并对新疆大学进行了殷殷嘱托。此外，其他党和国家领导人也先后视察了新疆大学，作为新疆大学的一分子，我倍感骄傲。是新疆大学经济与管理学院的领导和同事们给了我精神和资金的支持，我才能有幸把自己所写的东西出版。

心存感恩之心，方能行稳致远。人生如此，做学问亦应该如此吧！

2023 年 6 月 1 日夜于新疆大学 11# 楼

序 二

　　《区域协同创新研究——以京津冀为例》是新疆大学中国—中亚区域创新研究中心合作研究团队的阶段性研究成果。

　　"一带一路"倡议及中亚经济与治理研究是团队核心的研究方向之一。坚持创新研究服务人类命运共同体的定位，团队谙熟协同学理论于实践，精准服务京津冀协同发展战略，将观察分析现实问题的视角聚焦在中国的南北均衡发展上，致力于研究化解国内目前主要矛盾，以满足人民对美好生活的向往。中国目前处于第二个百年奋斗目标实现的关键期，处于新发展阶段，要贯彻新发展理念，构建新发展格局。在推动高质量发展背景下，京津冀承担着提升振兴北方地区经济发展的重任。全局网络化协同是发展战略，区域空间协同是发展路径，协同创新融合是实现区域协同发展战略的灵魂。

　　学校的"双一流"建设高度重视和支持团队研究及成果的呈现，鼓励团队坚持研究方向、建设研究平台、提高研究能力、系统化研究数据、服务区域创新发展。尤其是团队带头人赵成伟博士，为获取研究所需第一手资料，2017年至今，一方面坚持阅读时事新闻报刊、相关网站等；另一方面不断捕捉研究中的科学问题。通过认真梳理，团队连续形成了对中国—中亚区域创新发展的跟踪研究成果，本书便是这些成果的汇集。

　　该论著以京津冀为例，聚焦研究城市群协同优先发展、带动辐射周边地区发展的科学社会主义实践，是我国构建全国统一大市场和区域协同创新发展的重要举措，也是研究我国北方地区协同创新发展问题的参考，该研究具有理论价值和应用价值。

　　该论著基于知识管理战略视角，构建区域创新的理念，研究了区域协

1

同创新理论的发展模式、结构特征、驱动因素及发展目标等；逻辑构架清晰，研究层层递进；以京津冀为研究主体，分析该区域协同发展的现状、资源互补禀赋，进而研究京津冀协同创新发展的空间网络联系、创新发展效应，并对京津冀创新发展机制和路径进行探索，在分析基础上提出相应对策建议。

该论著研究务实、研究体系完整。不但讨论了如何在京津冀这个资源配置行政色彩浓重、市场机制作用不充分的地区，通过体制改革和制度创新，在全国率先构建一套适合跨省份区域协调、合作公益的新体制和新机制；讨论了如何在京津冀这个重化工比重较大、资源环境压力超载、产业结构调整升级任务艰巨的地区加快转型升级，在全国率先实现创新驱动发展的新模式和新路子等亟须破解的新问题，对于解决京津冀协同创新发展的现实难点问题有借鉴价值。

从实践角度而言，该论著是较系统研究京津冀协同创新发展的成果；从理论层面看，该研究将进一步丰富完善区域协同创新理论。

借该论著出版之际，本团队对支持和帮助我们研究的新疆大学"双一流"办、社科处、中国—中亚区域创新研究中心、经济与管理学院、新疆高质量发展研究中心、新疆创新管理发展研究中心等单位表示感谢！同时，我们在研究中参阅了众多学者的研究成果，在此一并表示感谢！

由于我们的学识水平、认知视角及能力等多个因素的约束，本成果难免存在疏漏之处，敬请各位读者斧正。

新疆大学中国—中亚区域创新研究中心

2023 年 2 月 16 日

前　言

新时期，我国经济社会发展东西差距仍然存在、南北差距不断拉大，区域发展不平衡问题突出，严重制约着人民对美好生活的向往。处于新发展阶段，在推动高质量发展背景下，要贯彻新发展理念，构建新发展格局，京津冀承担着提升振兴整个北方地区经济发展的重任。新时期，网络化成为发展常态，协同化则是发展目标，协同创新发展目标融合了创新战略和区域战略的现实要求。而对京津冀协同创新活动进行全面系统的评估与分析，有助于识别创新活动中的缺失环节和薄弱环节，精准定位区域创新合作的着力点与突破口。

"十四五"时期是我国全面建成小康社会、实现第一个百年奋斗目标之后，乘势而上开启全面建设社会主义现代化国家新征程，向第二个百年奋斗目标奋勇前进的第一个五年。习近平总书记强调，高质量发展是"十四五"乃至更长时期我国经济社会发展的主题，关系到我国社会主义现代化建设全局。这就要求各地区要结合实际情况，因地制宜、扬长补短，走出适合本地区实际的高质量发展之路。虽然过去八年京津冀始终坚持创新驱动发展，深化全面创新改革试验，加快打造协同创新共同体，但是，在协同创新方面仍然有很多工作要做，也面临着严峻的挑战。以创新驱动区域协同发展是创新战略与区域战略实现融合的现实选择。

本研究以突出区域协同创新理论对京津冀地区创新发展的指导作用为主线，将内容分为十章。前四章以国内外区域协同创新相关理论为研究对象，探究区域协同创新理论的发展模式、结构特征、驱动因素及发展目标等。后六章以京津冀区域为研究对象，探究了京津冀三地科创资源分布情况，从多个维度阐述了协同创新现状并构建了京津冀协同创新机制，最后提出了进一步推进京津冀协同创新的路径选择，并在全国层面提出推进区域协同创新的政策建议。

本研究力图回答如何在京津冀这个资源配置行政色彩浓重、市场机制作用不充分的地区，通过体制改革和制度创新，在全国率先构建一套适合跨省份区域协调、合作公益的新体制和新机制；如何在京津冀这个重化工比重较大、资源环境压力超载、产业结构调整升级任务艰巨的地区加快转型升级，在全国率先实现创新驱动发展的新模式和新路子等，这些都是亟须我们破解的新问题。

目　录

第一章　绪　论 ·· 1

　1.1　研究背景 ··· 1

　1.2　研究目的 ··· 5

　1.3　研究意义 ··· 6

　1.4　研究内容 ··· 8

　1.5　研究方法 ··· 9

　1.6　本研究的可能创新之处 ································· 11

　1.7　技术路线图 ·· 12

第二章　理论和文献综述 ································· 14

　2.1　国内外相关评述 ······································ 14

　2.2　相关概念 ·· 15

　2.3　相关理论 ·· 31

　2.4　本研究所涉及的基本概念 ······························ 40

第三章　构建区域创新优势——一个知识管理战略的视角 ·····48

　3.1　基于知识管理战略构建区域创新优势的研究意义 ··········· 48

　3.2　知识管理的相关概念 ··································· 49

　3.3　两种重要的知识管理战略 ······························ 52

　3.4　两种重要的区域创新体系分类方法 ······················ 54

　3.5　六种不同区域创新类型 ································· 56

　3.6　区域协同创新的动力 ··································· 59

3.7 关于区域创新体系的未来研究探索 62

第四章 京津冀协同创新与协同发展 64

4.1 协同创新与协同发展的辩证关系 64

4.2 京津冀协同创新的发展阶段 66

4.3 国际比较与启示 69

4.4 京津冀协同创新的新时代要求——实现京津冀高质量协同
发展 74

第五章 京津冀三地科技创新资源情况梳理 82

5.1 北京科技创新资源情况 82

5.2 天津科技创新资源情况 89

5.3 河北科技创新资源情况 93

5.4 小结 101

第六章 京津冀协同创新多维测度及空间网络联系实证分析 103

6.1 相关研究评述 104

6.2 京津冀协同创新水平的测度分析 106

6.3 京津冀协同创新空间联系网络分析 112

6.4 京津冀协同创新时空分析 120

6.5 结论与启示 124

第七章 京津冀协同创新现状的定性分析 126

7.1 京津冀三地内部各区（地市）之间发展并不均衡 126

7.2 京津冀之间尚未形成高水平协同创新网络 128

7.3 以核心城市为基础的三大城市群比较 134

7.4 小结 140

第八章 构建京津冀协同创新机制探讨 142

8.1 构建区域协同创新机制的重要意义 144

8.2 构建协同创新机制的理论基础及机制分析 146

8.3 构建京津冀协同创新机制的探讨 152

8.4 未来研究展望 155

第九章 推进京津冀协同创新的路径选择 156

9.1 构建良好的创新生态 156

9.2 立足北京，打造具有全球影响力的国际科技创新中心 157

9.3 推进环北京科技创新"蔓延式"发展 163

9.4 进一步发挥北京辐射作用，提升京津冀协同创新能力 164

9.5 构建京津冀协同创新网络 165

9.6 以首都产业疏解促进京津冀产业结构转型升级 167

9.7 建立央地协同新机制，打破创新资源流动壁垒 170

9.8 重点任务清单 171

第十章 结论与建议 176

10.1 结论：推动区域协同创新是区域创新发展的关键路径 176

10.2 推进区域协同创新的政策建议 177

第一章 绪 论

本章首先分析了研究的背景和意义，然后介绍了主要的研究内容和研究方法，最后阐述了研究的可能创新之处，描绘了全文所遵循的技术路线图。

1.1 研究背景

1.1.1 国际视角——世界格局正在深度调整，创新范式发生深刻变化，全球范围内重大创新呈现新的趋势

（一）从全球来看，国际竞争加剧，我国面临"双重挤压"

全球金融危机以来，世界格局正在深度调整。一方面，发达国家推动制造业回归，德国的"工业4.0"、美国的"再工业化"、日本的"再兴战略"、韩国"新增动力战略"等正在积极实施。发达国家新一轮贸易保护主义抬头，美欧等发达国家开始重新重视制造业发展，如美国实行大规模减税计划，试图吸引制造业回流。我国部分创新型企业进入技术前沿，与国外的差距逐步缩小，局部实现赶超，引进技术的可获得性降低。另一方面，周边发展中国家利用低成本优势，积极参与全球产业再分工，承接产业及资本转移，我国部分劳动密集型企业向外转移。新的形势下，依靠大规模低成本要素投入和低价竞争的发展模式不可持续，必须转变经济发展方式，依靠技术进步、劳动者素质提高和创新，提升发展质量和效益，培育经济增长新动能。

（二）全球创新范式发生改变

当今全球创新范式发生深刻改变，正由线性范式（创新 1.0）、系统范式（创新 2.0）向生态系统范式（创新 3.0）转变。以跨国公司为主导的全球技术创新网络、以大学为主导的全球知识创新网络与地方创新系统叠加耦合，交织成立体化的"全球—地方"创新网络[①]。当今的创新更注重网络化、多主体之间的协同创新，创新行为进一步呈现泛化性。

（三）全球范围内重大创新呈现集聚趋势

基于数字技术、创新平台、网络经济等的先发优势效应，全球科技创新出现大科学、大平台、大投入等趋势，重大原始创新越来越向少数核心城市聚集，越来越需要横向、纵向的合作。在全球产业链分工背景下，没有"创新高地"和"创新尖峰"，就难以掌握创新的主动权和全球价值链分配的主导权。"区域经济一体化"不再局限于共享资源、共建平台、共同市场，而是强调通过共同打造"创新高地"、"创新尖峰"或"极点"。

1.1.2 国内视角——为构建新发展格局，必须更多地依靠创新驱动

（一）从理论上看，科技创新驱动双循环新发展格局是演化发展经济学的提升

通常认为产业政策一般是指国家层面或地方政府为实现一定的经济调控目标，而有意识地采取一系列整体或者局部、直接或者间接、支持或者限制性涉及流通过程中"价、税、财"等经济领域政策总和，一般包括选择性产业政策和功能性产业政策。针对产业政策的研究存在后古典经济学和演化经济学 2 种不同的理论范式，即比较优势理论和技术赶超理论。早期，我国便是基于比较优势理论，大力发展劳动密集型产业挣取外汇，大力引进外资和先进技术，虽然在一段时间内经济得到了飞速发展，但是，

---

① ROBERT E，LUCAS J. On the mechanics of economic development［J］. Journal of monetary economics，1988，22（1）：3-42.

环境污染、贫困的恶性循环、贫富分化等一系列问题逐渐显现[①]。

在未来的"十四五"时期，国家产业政策的理论基础应该是技术赶超理论而非比较优势理论，通过技术赶超，实现科技创新驱动"内涵型"增长，推动形成双循环。熊彼特（Schumpeter）[②]是最早系统地研究创新理论的代表人物之一，他认为创新首先是一种基于"求异"的思维活动，将创新的概念由技术创新（质变）扩展到了"生产要素"与"生产方式"的重新排列组合（量变），即创新不仅包括科学发现和技术发明，还包括开发新产品、引入新生产方式、开辟新市场和建立新组织结构等，此外，他还比较关注企业家在创新方面的作用，认为创新是解决生产要素报酬递减和资源稀缺瓶颈问题有效手段。波特[③]发展了熊彼特创新理论在产业发展方面的应用，他认为以自然资源和人力资源要素巨大消耗为代价的要素驱动方式、以大规模资本投入为代表的投资驱动方式的驱动力具有相当的脆弱性和不可持续性，而技术创新意愿与技术创新能力的持续发挥能带动技术的溢出效应，是国家和区域的竞争优势所在。事实证明，以直接购买、破译模仿、集成优化、原始研发等为代表的技术赶超理论为基础的演化发展经济学更适合我国的发展范式[④]，特别是像我国这样超大型发展中国家，以自主创新为基础的产业链、供应链和价值链能否全面升级是"十四五"时期面临的新挑战。

（二）从实践上看，科技创新驱动引领新发展格局是必由之路

党的十九届五中全会着力提出"要畅通国内大循环，促进国内国际双循环"，强调"以创新驱动、高质量供给引领和创造新需求"。这是一项既

---

① 杜勇宏，王汝芳. 基于研发枢纽—网络的京津冀协同创新效果分析［J］. 中国流通经济，2021，35（5）：85–97.

② SCHUMPETER J A. Capitalism, Socialism and democracy［M］. London：Routledge，1942.

③ PORTER M E. The competitive advantage of nations［J］. Harvard business review，1990，68（2）：73–91.

④ 曹霞，于娟. 创新驱动视角下中国省域研发创新效率研究：基于投影寻踪和随机前沿的实证分析［J］. 科学学与科学技术管理，2015（4）：124–132.

顾及当下又思虑长远的规划谋新，是我国发展强大国内市场、构建新发展格局的战略指针。科技创新正成为我国经济发展的重要动力，必须抓住这个"牛鼻子"，打通国内国际双循环之间的"转化链"，从而推动我国经济实现高质量发展。目前，基于"中国威胁论"的过度渲染，中国的崛起发展受到其他世界大国的关注，一些国家基于既得利益和政治短见，对我国的发展虎视眈眈和百般阻挠。尤其是新冠肺炎疫情在世界范围内暴发，加剧了国际局势的复杂性、不确定性，在保护主义上升、世界经济低迷、全球市场萎缩的外部环境下，走以国内大循环为主的国际国内双循环新发展格局的发展道路是党中央顺应时代要求所作出的战略深化和战略再定位，是我国步入高质量发展阶段、解决新时期面临的各种中长期矛盾的重要战略举措。

经济发展动力必须由要素驱动转向创新驱动[①]。从国内来看，支撑发展的条件发生变化，传统发展动力不断减弱，出现了如下问题：劳动力、资源、土地等要素的成本增加，低成本优势减弱；自然资源和环境容量已经接近于警戒红线，长期积累的环境欠账亟待解决；人口老龄化趋势显现，新增适龄劳动人口增长放缓，人口红利下降。我国许多行业大而不强，中低端产能过剩，中高端产品有效供给不足，难以满足人民群众日益增长的多样化需求。

加快科技创新是推动高质量发展的需要、是实现人民高品质生活的需要、是构建新发展格局的需要、是顺利开启全面建设社会主义现代化国家新征程的需要。当前，我国经济社会发展和民生改善比过去任何时候都更加需要科学技术解决方案。我国已进入高质量发展阶段，多方面优势和条件更加凸显，国内需求潜力巨大。正如习近平总书记所指出："我国经济潜力足、韧性强、回旋空间大、政策工具多的基本特点没有变"。从国民层次上讲，我国拥有1亿多市场主体和1.7亿多受过高等教育或拥有各类专业技能的人才，还有包括4亿多中等收入群体在内的14亿人口所形成的超大规模内需市场；从工业基础上讲，我国具有全球最完整、规模最大

的工业体系、强大的生产能力、完善的配套能力，正处于新型工业化、信息化、城镇化、农业现代化快速发展阶段，投资需求潜力巨大。所以，我国走以科技创新为驱动的双循环新发展道路必将实现后发赶超。

1.1.3　区域视角——新时期京津冀地位愈发重要，但京津冀协同发展问题仍然严峻

相比长三角，京津冀区域发展差距问题巨大，相比粤港澳大湾区，京津冀区域府际关系十分复杂。京津冀协同发展是我国区域协调发展问题的集中缩影，代表着政府博弈、城乡统筹、区域平衡等问题，实际上解决了京津冀协同发展问题，就是很大程度上解决了我国区域协调发展问题。尤其是在当今东西差距依然存在、南北差距不断扩大的现实情况下，京津冀区域担负着提升整个北方经济活力的重任。然而，京津冀三地研发投入合计占全国的 14.1%，但 GDP 总量仅占全国 8.5%，京津冀的碳排放却占了全国的 10%（河北占了其中的 80%）[①]，无论是与发达国家城市群相比，还是与我国长三角、粤港澳城市群相比，京津冀城市群的发展均存在一定差距。北京和天津对河北优质创新资源的"虹吸效应"显著，进一步加剧了京津冀地区的发展不平衡。时至今日，协同发展战略实施已达八年，京津冀协同发展仍遭遇"阿喀琉斯之踵"。

1.2　研究目的

改革开放四十多年来，中国不断进行经济结构调整，开始由工业化单引擎的发展方式转向工业化与城市化双引擎的共同发展，这一转变带来突破性的经济高速增长[②]。经过四十多年的高速增长，中国已经成功解决了

---

① 李国平，吕爽."双碳"目标视角下的京津冀产业结构优化研究［J］.河北经贸大学学报，2022（2）：81-89.

② 经济增长前沿课题组.经济增长、结构调整的累积效应与资本形成：当前经济增长态势分析［J］.经济研究，2003（8）：3-12，27.

"有没有"的问题，进入由高速增长阶段转向高质量发展阶段[1]，发展方式、产业结构、科技水平和增长动力已发生重大变化[2]，所以，当务之急在于解决"好不好"的问题。吕薇等[3]认为，总体看，我国创新发展进入新阶段，科技水平从跟踪为主转向跟跑、并跑、领跑并存，战略重点从点的突破转向整体能力的提升；创新主体从科技人员为主转向社会参与；创新方式从引进消化吸收和集成创新为主转向原始创新，从相对封闭走向更加开放，产业价值链从中低端向中高端升级。因此，针对我们这样一个大国，实现创新驱动的最终目标是要因地制宜建立多层次、具有特色的区域创新体系，从而打破行政区划限制，促进创新资源的跨区域共建、共享，推动多样化的区域创新中心和平台建设，为推进京津冀协同创新提供可操作的政策建议及前瞻性指导。

本书的研究在相关文献和数据整理的基础上，试图回答区域协同创新的动力是什么？区域协同创新与区域协同发展到底是什么样的关系？京津冀三地的创新资源究竟是如何分布的？如何能从多个维度立体的呈现京津冀三地的协同创新现状？如何构建京津冀协同创新机制？推动京津冀协同创新的路径选择和具体政策建议是什么？能够为在全国范围内推进区域协同创新带来什么可借鉴的经验？作者带着这些问题开展本研究。

1.3　研究意义

"十四五"时期区域创新体系建设的目标在于创新能力和经济韧性的同步提升，总体方向是建立高水平的开放式区域协同创新体系，通过区域之间多层次的开放互动空间，促进创新要素跨越体系边界进行互联互通、

---

[1]　张茂榆，冯豪.城市群政策助推经济高质量发展的机制研究：基于四个国家级城市群的经验证据［J］.经济问题探索，2021（9）：87–102.

[2]　赵志耘.创新驱动发展：从需求端走向供给端［J］.中国软科学，2014（8）：1–5.

[3]　吕薇，马名杰，戴建军，等.转型期我国创新发展的现状、问题及政策建议［J］.中国软科学，2018（3）：10–17.

协同互补,实现"1+1>2""1+1+1>3"的协同创新整体效益提升①。《京津冀协同发展规划纲要》中提到,京津冀地区整体定位是"以首都为核心的世界级城市群、区域整体协同发展改革引领区、全国创新驱动经济增长新引擎、生态修复环境改善示范区"。具体到三省市在创新体系中各自的定位为:北京市构建成"科技创新中心",天津市打造成"全国先进制造研发基地",河北省则将努力建设成"产业转型升级试验区"。京津冀加强创新联系的重要意义在于:既能提高地区间的分工与合作水平,促进地区间的资源共享和优势互补,确保创新能力对经济发展的乘数效应得以充分体现,保证创新要素流向关键环节和领域;又可以抵消原有行政区划导致的创新要素市场碎片化问题,实现地区资源充分对接,从而形成重要的优化效应和示范效应。

1.3.1 研究协同创新的重要意义

在理论价值层面,本书的研究将进一步丰富完善区域协同创新理论。研究认为完善区域协同创新能力,能为经典创新理论提供全新视角,增强创新驱动力。在作用机制上,引入新发展理念,构建更加完善的区域协同创新驱动模型,更加关注企业主体作用,实现科技创新和制度创新驱动有机统一。

1.3.2 研究京津冀区域的重要意义

在实践价值层面,本书的研究将进一步指导京津冀协同实现高质量发展。京津冀协同发展是重大国家战略,其核心是发挥北京的一核作用,本书的研究为北京"努力成为世界主要科学中心和创新高地"提供政策指南。京津冀是国家区域问题的缩影,具有极强代表性,集中体现在政治博弈、城乡统筹、区域平衡等方面,本研究课题从实践出发,为从根本上解决京津冀区域协同发展问题提供参考答案。

---

① 中国社会科学院工业经济研究所课题组,张其仔.“十四五”时期我国区域创新体系建设的重点任务和政策思路〔J〕.经济管理,2020,42(8):5-16.

1.4　研究内容

本书的研究共分十章，前4章主要探讨区域协同创新理论，并分析了相关的演化和驱动机制；后6章在摸清京津冀协同创新现状的基础上，集中探讨如何构建京津冀协同创新机制，以区域协同创新理论指导京津冀实现高质量协同发展，并对其他区域协同创新提供可参考的政策建议。

第一章是绪论，本章首先分析了本书研究的背景和意义，然后介绍主要的研究内容和研究方法，最后阐述了本书研究的可能创新之处，描绘了全文所遵循的技术路线。

第二章是理论和文献综述，本部分在梳理了国内外相关文献的基础上，对相关的概念和理论就行了综述，在此基础上对本书的研究所涉及的概念进行了详细分析，以期为后面研究奠定基础。

第三章介绍构建区域创新优势——一个知识管理战略的视角，本章以知识管理战略为出发点，研究如何构建区域创新优势，为更广泛的系统创新政策制定铺平了道路。

第四章介绍京津冀协同创新与协同发展，本章探究了区域协同创新与协同发展的辩证关系，发现协同创新是新时代协同发展的重要手段，而协同发展是协同创新的重要目标，二者以实现区域高质量发展为最终目标。

第五章对京津冀三地科技创新资源情况进行梳理，本章系统梳理了京津冀三地的科技创新资源，并总结了各自的特点，以期为三地创新资源分布情况建立一个直观的感受，便于后续部分论述的展开。

第六章进行了京津冀协同创新多维测度及空间网络联系实证分析，本章基于京津冀创新资源的细分数据，利用熵值法、熵权法、引力模型法和社会网络分析方法等多种方法相结合，从微观省份内部、中观城市群和宏观城市群之间3个维度，测度京津冀协同创新现状，分析空间网络联系特征。

第七章是京津冀协同创新现状的定性分析，本章在第六章对京津冀协同创新现状实证分析的基础上，进一步从微观、中观和宏观 3 个维度，明确三地的协同创新的情况。

第八章介绍构建京津冀协同创新机制探讨，本章重点研究构建"一个目标，双轮驱动，三个地方，四方政府，五个协同"的京津冀协同创新机制，旨在发挥北京科创资源优势，以企业为创新主体，重点促进北京科技成果在津冀落地，推动三地产业实现协同。

第九章介绍推进京津冀协同创新的路径选择，本章围绕三地的具体功能定位，阐述了推进京津冀协同创的路径选择。

第十章是结论与建议，本章在分析京津冀协同创新的基础上，得出推动区域协同创新是区域创新发展的关键路径的结论，提出适用于推进全国范围内区域协同创新的政策建议。

1.5 研究方法

（一）文献归纳和系统分析相结合

本书采用文献归纳法对科技创新机制、科技创新效率、科技创新能力、科技创新溢出效应及协同创新的研究现状进行梳理和归纳，在此评述已有研究的贡献及其不足之处。区域创新体系是一个复杂的"技术—经济—社会"系统，必须运用系统分析的方法，来研究京津冀区域创新体系。

（二）规范分析和实证分析相结合

对京津冀协同创新的现状研究侧重于实证分析，为构建京津冀协同创新机制做好铺垫。在体制机制部分运用规范分析法，针对京津冀协同创新的发展态势与能力格局、空间溢出效应、协同效应、经济效应制约因素与深层根源，设计出破解制约协同创新效益发挥的壁垒和障碍的体制机制。

熵值法。熵值法属于确定指标体系各项指标权重的常用方法，属于客观赋权法，即根据指标变异性的大小确定评价指标体系权重。通常来讲，

某个指标的信息熵越小，表明该指标变异程度越大，所能提供的信息量就越多，在综合评价中所能起到的作用也越大，其权重也就越大，相反，指标权重也就越小[①]。

熵权法。考虑到区位熵目前考查区域差距和区域发展不均衡常用方法是，主要用于衡量某一区域要素的空间分布情况。区位熵又称专业化率，反映某一产业部门的专业化程度，以及某一区域在全国的地位和作用等情况。

引力模型法。Reilly 最早于 1929 年将万有引力应用到经济学领域，城市联系强度是城市间空间相互作用力大小的表征，遵循距离衰减规律，可借用引力模型来衡量，即牛顿万有引力公式，构建经济联系强度模型，综合考虑人口数量、地区生产总值和城市间距离 3 个因素进行分析[②]。城市间的经济流的强度最能反映城市间的密切联系程度，表示中心城市对周边城镇的经济辐射力和周边城镇对中心城市辐射力的接受能力。城市间经济联系强度的大小也反映出城市之间经济流的频繁程度。

社会网络分析方法[③]。为区域创新网络空间关联的研究提供了包括网络密度、中心度分析、凝聚子群分析在内的系列指标，主要从整体网络特征、个体网络特征与网络结构特征 3 个维度进行考查分析。

（三）动态分析与静态分析相结合

区域创新体系本身就是一个动态发展的过程，因此无论理论分析还是实证分析，都需要在动态过程中进行考查和验证。本书第八章建立的京津冀区域协同创新机制，重点分析京津冀科技创新效应的动态趋势和波动状况。同时，对其若干静态的试点截面加以研究，分析在特定时期内三地

---

① 刘冬梅，赵成伟. 东北地区建设区域科创中心构想［J］. 开放导报，2021（6）：62-70.

② 刘冬梅，赵成伟. 成渝地区建设全国科创中心的路径选择［J］. 开放导报，2021（3）：72-79.

③ 李琳，牛婷玉. 基于 SNA 的区域创新产出空间关联网络结构演变［J］. 经济地理，2017，37（9）：19-25，61.

之间协同创新的差异性及相互关系，力求寻找缩小三地创新水平的破解
路径。

（四）区域创新体系方法

该方法大量借鉴欧洲市场经济国家区域经济实证研究，认为创新过程
就是区域、国家和全球层面的各类网络和创新体系的一部分，有效补充了
工业区、区域集聚和产业集聚等概念，挑战并替代了线性创新模型、演化
经济学和制度推理，并成为分析和决策的替代性方法。

（五）实地实验室（Living Lab）方法

Living Lab 是需求导向的融合创新的重要政策工具，注重场景驱动创
新，是通过用户与各类创新主体充分参与的创新网络和创新技术精准对
接，来引导和推动创新。具有开放式创新、社会引导式创新等特征，要求
创新过程需要更加接近应用场景。

（六）集群演化方法

集群是区域创新体系中必不可少的一部分，吸取了部分演化经济地理
学有益成分，只有考虑到特定区域的知识基础设施、制度设置、文化层面
和政策行动，才能理解区域集群的出现和进一步演化，区域创新体系在很
大程度上是随着集群的发展而共同演化的。

1.6 本研究的可能创新之处

（一）基于知识管理方面知识库方法的视角

在以内循环为主体的双循环新发展格局背景下，区域创新发展可
有效助推内循环，强调创新驱动的内生动力，并抓住了区域发展核心问
题——区域知识基础设施。尝试以全新的视角，提出科学（分析）型、
工程（综合）型和符号（艺术）型三类知识库，顺应全球创新发展趋势，
补充了基于艺术的符号型知识库。

（二）采用创新体系方法

将区域创新体系视为一种方法，将创新置于经济增长的中心，首次把创新引入多行为主体和组织之间的交互学习过程中，突破了以往"从基础研究经应用研究，再到产品和新工艺"的单向创新线性模型，实现了对新的和现有知识、技能和资源的重新组合，能有效解决跨空间的创新活动和经济发展不均衡问题，克服了比较优势理论中局限于狭隘市场，而忽视了技术变革和创新及竞争力优势的作用。所以，知识库越广泛和多元化，创新的应用范围就越广。

（三）基于多维的视角，为京津冀协同创新现状进行精准画像

基于京津冀三个主体创新资源的细分数据，利用熵值法、熵权法、引力模型法和社会网络分析方法等多种方法相结合，从微观省份内部、中观城市群和宏观城市群之间3个维度，测度京津冀协同创新现状和分析空间联系网络。

（四）构建了区域创新机制

沿创新链参与顺序，认为各创新行为是由企业、政府、科研机构、高端院校和中介服务机构等各创新主体，在各种创新机制的共同作用的展开的，并构建了"一个目标，双轮驱动，三个地方，四方政府，五个协同"的京津冀协同创新机制，旨在发挥北京科创资源优势，以企业为创新主体，重点促进北京科技成果在津冀落地，推动三地产业实现高质量协同发展。

1.7 技术路线图

为便于呈现本研究全部内容，特描绘了包含具体各章节内容、逻辑及研究方法的技术路线（图1-1）。

章节	逻辑	技术路线	研究方法	范式

绪论　研究背景、意义和创新点

第一章、第二章 - 文献资料查阅

理论和文献综述　对国内外的相关研究综述

⇓

第三章　如何构建区域创新优势　基于知识管理的视角　　理论分析方法

两种知识管理战略　　三类区域创新体系　　六类区域创新类型　　理论篇

⇓

第四章　协同创新与协同发展的辩证关系　协同创新（手段）协同发展（目的）⇒ 高质量发展

第五章　三地创新资源梳理　京、津、冀现状特点、问题　统计分析

第六章、第七章　协同创新现状　实证分析 / 定性分析　熵值法 社会网络分析法 区位熵法　实践篇

⇓

第八章　区域协同创新机制　一个目标、双轮驱动、三个地方四方政府、五个协同　机制分析

⇓

第九章、第十章　政策建议　路径选择 / 相关建议　政策分析

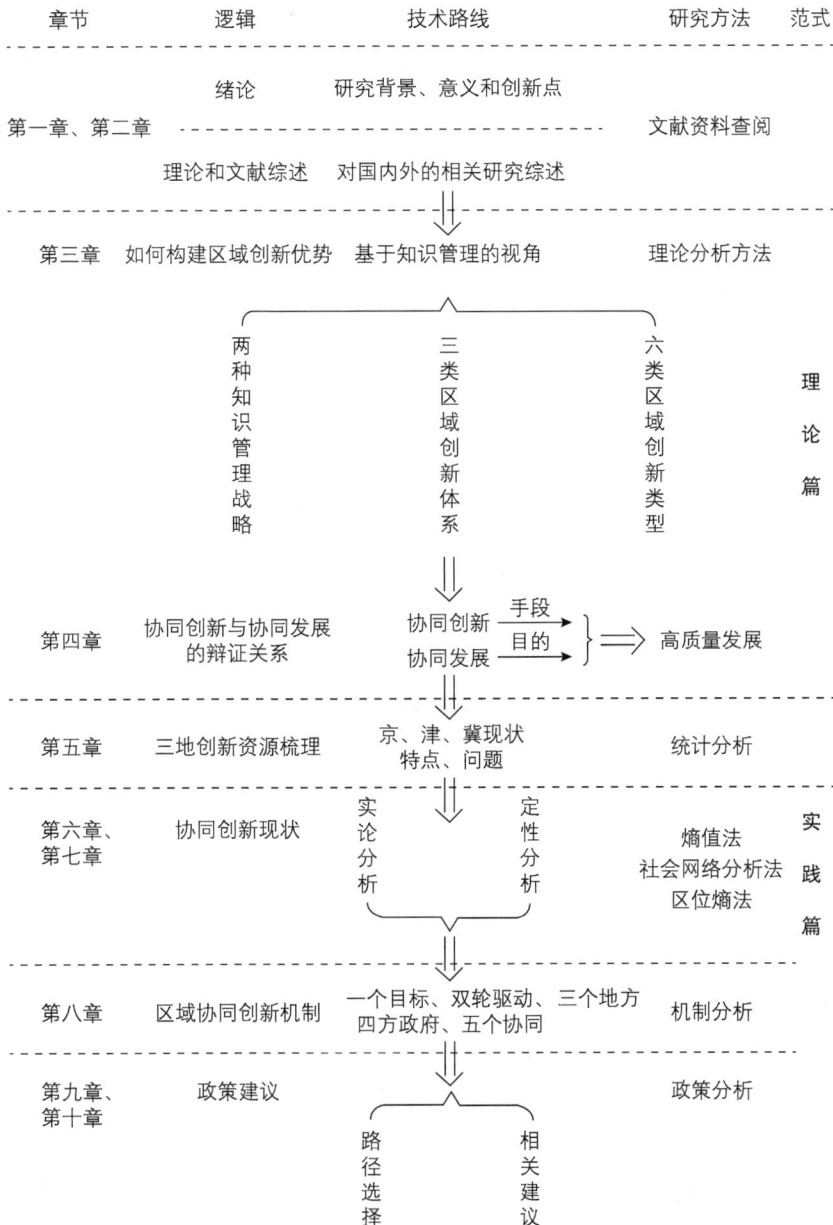

图1-1　技术路线图

第二章　理论和文献综述

　　本章在梳理了相关国内外参考文献的基础上，对相关的概念和理论进行了综述，并对本书研究所涉及的概念进行了详细分析，以期为后面的研究奠定基础。

2.1　国内外相关评述

　　基于 Web of Science（WOS）和中国知网（CNKI）数据库，采用关键词共现分析方式，总结相关研究热点的演化进程。WOS 数据库检索的表达式设置为：题名 =（collaborative innovation OR innovation network OR knowledge network）AND Web of Science 类别 =（economics OR geography OR regional studies OR urban studies）AND 文献类型 =（article OR review）AND 语种 =（English）AND 时间跨度 =（1991 to 2021），剔除书评、新闻、会议纪要等，共获得 423 篇文献。CNKI 数据库检索的表达式设置为：篇名 OR 关键词 =（协同创新 OR 创新网络 OR 产学研协同）AND 中图分类号 =（F OR K）AND 发表时间 =（1991 to 2021），同时设置期刊类型为核心期刊及以上，同样剔除检索到的书评、新闻、会议论文等，最终得到 501 篇相关领域的研究论文。

　　在 WOS 数据库中，有关协同创新、创新网络的国外研究主要集中在知识溢出、创新的社会环境、创新的类型与网络、协同研发网络及创新在产品层面的产出等主题。在 CNKI 数据库中，国内的相关研究则集中在技术创新、区域创新集群网络、产学研协同创新、创新绩效、复杂系统等主题。

数据处理方面，首先对异常、错误数据进行修正，利用平滑处理方式填充缺失数据。此外，针对未能收集到市级数据的重要指标，本章也进行了修正处理。需要说明的是，2019 年年底新冠肺炎疫情暴发，会对 2020 的数据产生较大影响，个别地方采用了 2019 年的数据。除此之外，再综合考虑数据的可获得性，本书的研究主要分析数据截至 2020 年年底，故无特殊说明的数据，均为 2020 年数据。

2.2 相关概念

2.2.1 城市、都市圈和城市群

城市、都市圈和城市群是按进化、发育程度由低到高逐渐发展的过程。

（一）城市

相比其他国家和地区，京津冀地区虽然具有明显的大都市区特点，但由于京津 2 个超大城市均为广域市制，人口都超千万，目前都拥有较大的发展空间，还没有达到规模效应外溢的阶段[①]。我国城市的概念与国外有较大的区别，整个欧洲没有千万人口规模的城市，超过 800 万人口的只有伦敦。法国、德国、意大利等国家百万人口以上规模的城市都很少，基本以中小城市为主。全美国 3 亿多人口，百万人口以上规模的城市也就 10 个左右。日韩人口密度很大，各有一个千万人口规模的城市，但也同样拥有发达的中小城市。世界上真正的特大和超大城市基本都集中于发展中国家。

（二）都市圈

早期，日语中常使用都市圈概念，是指围绕某一中心城市（一般是大城市）、一般以 1 小时通勤圈为基本范围的城镇化空间形态。都市圈是指

---

① 赵聚军 . 行政区划调整如何助推区域协同发展：以京津冀地区为例［J］. 经济社会体制比较，2016（2）：1–10.

城市群内部以超大特大城市或辐射带动功能强的大城市为中心、以 1 小时通勤圈为基本范围的城镇化空间形态[1]。国家"十四五"规划纲要提出，以城市群、都市圈为依托促进大中小城市和小城镇协调联动、特色化发展，并要求依托辐射带动能力较强的中心城市，培育发展一批同城化程度高的现代化都市圈。都市圈空间范围相对固定，内部一体化更易形成，城镇化速度更快，经济效率的收敛性更强，现已成为我国新型城镇化发展的关键抓手。近年来，全国各地都市圈建设提速，加速中心城市与周边地区的融合、协调、互促。为推动都市圈有序发展，国家发展改革委批复南京、福州、成都、长株潭、西安五个国家级都市圈，在国家区域经济协调发展中承担重大战略任务。

（三）城市群

城市群又称超级城市、巨城，类似叫法还有城市带、城市圈、都市群[2]。1957 年，法国城市地理学家戈特曼（Gottmann）首次使用古希腊 Megalopolis 一词来描述美国东北部大西洋沿岸城市化地区，译作中文是大都市带，为城市群概念的起源。其后，以约翰·弗里德曼（John Friedmann）关于城市群的论述最为全面。在国内，1990 年前后，曾邦哲在《结构论——范进化理论》下篇"全球化文明——民族文化的世界化"中提到，中国黄河、长江流域，澳洲南海岸，北美洲五湖区等构成文化发展的城市群系统，首次用到城市群概念，当时的含义更趋近于区域经济的概念。综合国内外关于城市群概念的研究，本书中的研究认为城市群是以一个或者两个（单核或者双核）特大城市为中心，以周边不同性质、类型的中心城市群或者卫星城为辅，依托一定的自然环境和交通条件，形成主副分明、分工清晰、协调发展的"地域综合体"。

---

[1] 《国家发展改革委关于培育发展现代化都市圈的指导意见》（发改规划〔2019〕328 号）。

[2] 梁志霞，毕胜 . 基于城市功能的城市发展质量及其影响因素研究：以京津冀城市群为例［J］. 经济问题，2020（1）：103–111.

（四）城市群和都市圈的区别与联系

早期，借用日语中都市圈（也称都市群）一词来表示同一类概念。随着城市群相关问题研究的细化，二者含义出现了分离，在规模上城市群会包含几个都市圈。区域经济是伴随着经济活动和特定空间的结合而产生的，是指多个行政区域的国民经济总和，是国民经济的缩影，兼具综合性和区域性的特点。城市群也是经济综合体，但是城市群概念相对区域经济范围较小，偏微观，更加关注内部各个城市，是区域经济的组成部分。所以，从范围上讲，城市群是介于都市圈和区域经济中间的概念。

此外，城市群政策影响区域经济社会发展的内在机制与政府行为有着紧密联系。城市群不是某一地理空间或行政区划内的若干城市的简单拼接，而是通过综合运输网络将城市群内部多样化的城市空间相联结，构成多个产业链纵横交错、相互连接、环链相套、疏密有序、共居共生的群落空间，而在此过程中，政府的建设及投入不可忽视，通过直接或间接的方式加快城市群的一体化建设，促进城市群内部城市的协调发展。

（五）城市的分类

《国务院关于调整城市规模划分标准的通知》明确提出的城市划分标准，即新的城市规模划分标准以城区常住人口为统计口径，将城市划分为五类七档：小城市、Ⅰ型小城市、Ⅱ型小城市、中等城市、大城市、Ⅰ型大城市、Ⅱ型大城市、特大城市、超大城市。城区常住人口50万以下的城市为小城市，其中20万以上50万以下的城市为Ⅰ型小城市，20万以下的城市为Ⅱ型小城市；城区常住人口50万以上100万以下的城市为中等城市；城区常住人口100万以上500万以下的城市为大城市，其中300万以上500万以下的城市为Ⅰ型大城市，100万以上300万以下的城市为Ⅱ型大城市；城区常住人口500万以上1000万以下的城市为特大城市；城区常住人口1000万以上的城市为超大城市。

在创新型城市研究方面，根据澳大利亚城市创新领域知名智库2Thinknow公司的观点，创新型城市分为4个层级：核心（Nexus）、枢纽（Hub）、节点（Node）和起步（Upstart）。一般认为，区域科技创新中心属于枢纽城市层级，是在关键经济和社会创新要素中具有优势主导地位的城市。国际上的创新枢纽城市有印度新德里、泰国曼谷、阿联酋阿布扎比等，中国的创新枢纽城市有广州、嘉兴、天津滨海新区、银川[①]。从发达国家的发展规律来看，区域核心城市发展速度最快，辐射范围超越了行政边界。通过强化创新枢纽城市的集聚效应和资源配置的统筹能力，发挥科技创新力高、产业带动力强、区域影响力大优势，在不调整行政区划前提下，突破行政区划壁垒，发挥核心城市（群）的智力支持、技术服务、技术示范的功能，统筹与周边腹地科学分工、协同发展，完善和重塑地区创新格局。发挥不同等级城市的资源共享、优势互补，能够完善城市群区域公共品布局和形态，解决城市体系结构失衡，促进大中小城市和小城镇协调发展。

（六）城市群创新驱动机制——创新源与辐射动力

城市群是城镇化进入高级阶段后的重要空间形态，也是一个国家经济和创新活动的主要空间载体。从全球规律来看，随着技术革命与产业分工的日益复杂化，以中心城市为核心，不同城市通过紧密联系、分工合作，形成复杂的区域创新网络是当下城市群创新的一般规律。中心城市是整个城市群的创新源，集聚了丰富的人才、资本、高校等创新资源，处于整个城市群创新价值链的顶端。而在中国，以京津冀、长三角、粤港澳大湾区为代表的三大世界级城市群也成为创新活动的高密度集聚区。

城市群的发展是一个动态过程，在早期，中心城市凭借先天的资源优势不断吸引其他地区的创新要素流入，形成很强的集聚效应，城市规模和经济实力不断扩大，成为城市群中产业最发达、创新最活跃的地区。而中心城市不断产生新的知识、技术和产品，并不断溢出到周边地区。但中心城市的扩张并不是无限的，当城市规模超过一定限度后，就开始出现各种各样的大城市病，如房价过高、交通堵塞、环境污染等，这就会大大提高

---

① 中国科协发布的《"科创中国"三年行动计划（2021—2023年）》规划在试点城市（园区）中打造一批产业聚集程度高、产业带动力强的创新枢纽城市。2021年5月30日，中国科协第十次全国代表大会闭幕会上，"科创中国"创新枢纽城市名单正式发布。

中心城市的创新成本，中心城市需要将部分创新功能分散出去。而此时，外围的中小城市接受到中心城市的产业、人口、资金等的转移与溢出，开始加快发展。随着区域一体化的进程加快，中心城市与其他城市就会形成创新的分工与协同，这时候的城市间溢出就不再是单向的，而是逐渐形成了复杂的创新网络[①]。

2.2.2 创新相关概念

（一）融通创新

党的十九届四中全会提出，要建立以企业为主体、市场为导向、产学研深度融合的技术创新体系，支持大中小企业和各类主体融通创新。改革开放以来，我国大型国有企业发挥了科技创新的"顶梁柱"作用，强劲推动了中国经济的快速发展。但与经济高质量发展的要求相比，中国大型国有企业仍然面临着创新效率不高、创新活力较弱、创新后劲不足的问题。相比之下，中小企业对市场需求反应极为灵敏，能够快速调整业务方向和经营内容，在发展"专精特新"方面有很大潜力。改革开放以来，我国65%的发明专利、75%以上的技术创新、80%的新产品都是由中小企业完成的。中小企业尽管有很强的创新活力，但是存在创新人才匮乏、创新投入不足的弱点，导致技术创新"力不从心"问题。另外，中小企业缺乏科技成果大规模商业化的专业平台和渠道，导致其创新产出有限，创新回报不足。因此，如何发挥大型企业的创新资源优势及中小企业的创新活力，加快创新型国家建设，为经济高质量增长提供新动能，已经成为政界、产界、学界共同关注的核心问题。

融通创新是指以社会实际需求和价值创造为导向，通过资源融合互补、知识协同共享、价值共创共得而实现产学研、大中小企业、国有民营企业协同创新的跨组织合作创新模式。融通创新不仅仅包括传统意义上的官产学研纵向协同创新，还包括大中小企业、国有—民营企业等各类创

---

① 孙瑜康，李国平 . 着力提升京津冀协同创新中北京辐射带动作用［N］. 河北经济日报，2021-10-30（3）.

新主体的横向协同，是协同创新概念的延伸和拓展[1]。

（二）创新网络

网络的概念起源于 20 世纪 60—70 年代，20 世纪 80—90 年代网络与结网的概念便开始流行。英国的哈兰德（Harland）[2] 指出，原来的网络概念通常被描述为一种纤维线、金属线和其他类似物联结成一种"网"的结构，现在的网络是指以不同形式表现的行为主体之间的联系。Imain Baba[3] 认为创新网络是应付系统性创新的一种基本制度安排，Freeman[4] 较早提出创新网络的概念，认为网络组织是应对制度创新的基本制度安排，可以被看作市场和组织相互渗透的形式，强调企业间合作关系作为网络配置关键联系机制的重要性。

在区域创新网络的研究方面，Cooke[5] 概述了区域创新网络实践成功的关键要素，罗利元等[6] 指出区域创新网络具有开放性、动态性，以及交流上的多层次、多渠道、相对稳定的特征。在创新区域差异和空间扩散方面，有学者从新古典经济增长理论角度，对 20 世纪 70 年代以来地理学界对创新区域差异及扩散研究进展进行总结与评价，并提出新的创新扩散模

① 陈劲，阳银娟，刘畅. 融通创新的理论内涵与实践探索 [J]. 创新科技，2020，20（2）：1-9.

② HARLAND C M. Networks and globalization：a review of research [M]. Coventry：Warwick University Business School，1995.

③ IMAI K，BABA Y. Systemic Innovation and Crossborder Networks：Transcending Markets and Hierarchies [C] // OECD Conference on Science，Technology and Economic Growth，Paris，1989.

④ FREEMAN C. Networks of innovators：a synthesis of research issues [J]. Research policy，1991，20（5）：499-514.

⑤ COOKE P. The new wave of regional innovation networks：analysis，characteristics and strategy [J]. Small business economics，1996，8（2）：159-171.

⑥ 罗利元、陈义龙、张丰超. 网络是创新的有效载体：中关村区域创新网络分析 [J]. 未来与发展，1999（2）：7-9.

型①②③。进入 20 世纪 80 年代中期，一些学者开始借鉴内生增长理论，从创新要素供给和需求角度，分析区域创新差异产生的原因。到了 20 世纪 90 年代，在以 Krugman 为主的新经济地理学者的大力推动下，国内外学者从空间报酬递增及创新生产要素的跨区域流动等新经济地理因素方面研究区域创新差异问题④⑤⑥。

创新网络的形成可以分为 3 个阶段：一是封闭型自给自足阶段，如图 2-1（a）所示。初始阶段，形成了诸多制造业孤岛，其组织符合在正则化网络内向纳什均衡收敛，形成一个自我吸收状态。这种闭链的局部互动，出现了紧挨的邻居之间的组织学习成长收敛。二是局部分工演化，如图 2-1（b）所示。因为市场竞争在开放市场导入影响下，企业之间出现一个计划性关联集合，其策略博弈在工业组织局部分工网络化中，因交易成本较少形成了收益激励的关联函数，把两者之间的利益关系建构建立在一个能够捕获因关联关系导致的诸如信息搜寻或社会支撑的利益的流动。三是完全分工型的组织创新网络，如图 2-1（c）所示。表明工业组织主导的产业链、供应链、创新链和价值链等创新网络基本形成，在全球化的自由贸易网络建构中存在两两稳定的网络完整性与稳健性。

①　CANIELS M C J. Regional differences in technology：theory and empirics［R］. Maastricht：Maastricht Economic Research Institute on Innovation and Technology，1996.

②　VERSPAGEN B，CANIELS M C J. Spatial distance in a technology gap model［R］. Eindhoven：Eindhoven Center for Innovation Studies（ECIS），1999.

③　CANIELS M C J，VE R SPAGEN B. The effects of economic integration on regional growth，an evolutionary model［J］. Current opinion in oncology，1999，2（5）：919-923.

④　FELDMAN M P，FLORIDA R. The geographic sources of innovation：technological infrastructure and product innovation in the United States ［J］. Annals of the association of American geographers，1994，84（2）：210-229.

⑤　史修松，赵曙东，吴福象. 中国区域创新效率及其空间差异研究［J］. 数量经济技术经济研究，2009，26（3）：45-55.

⑥　张战仁. 我国区域创新差异的形成机制研究：基于新经济地理学的实证分析［J］. 软科学，2013，27（6）：64-68.

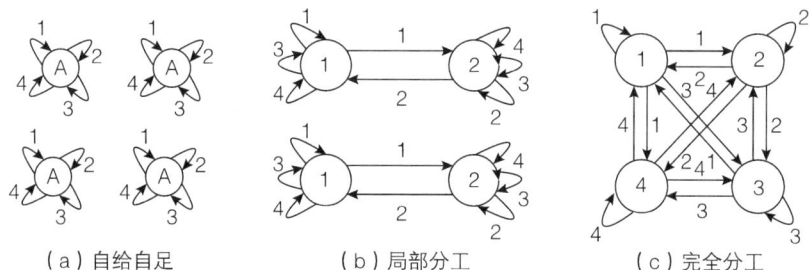

（a）自给自足　　　　　　（b）局部分工　　　　　　（c）完全分工

图 2-1 创新网络的形成演化过程

（三）产业网络

单个产业集聚最终会导致多个产业集群，形成集聚经济。当集聚经济与具体空间载体相结合的时候，便会产生区域协同创新问题。在创新呈现网络化发展的背景下，各创新主体基于发展需求，在具体的空间载体内寻求资源互补，即一定的区域内，在政府的有效推动下，实现协同创新。随着改革开放的深化，涌现出一大批规模化的企业，成为支撑区域经济发展的核心力量。越来越多的企业将原本垂直一体化的产品价值链分割为不同的环节、区段，并将其分散布局在不同的城市。生产分割深刻地改变了城市体系的组织方式和区域经济的联合过程。在这种背景下，企业类型和数量迅速增长，形成了以企业跨区域投资为基础的研究潮流[1]。

企业是产业系统中能动的组织者，它们通过市场配置系统中各种要素、资源，完成企业的生产经营活动，并通过提供产品或服务等来保持自身的生存和发展。每个企业都类似于一个"活的"生命，正是它们的"新陈代谢"作用才维持了整个产业系统的正常运转。当把产业系统中的企业抽象为结点，企业之间的关联抽象为边时，就可以把产业系统中的组成部分和它们之间关系结构抽象为产业网络，由于产业系统是一个复杂系统，产业网络也是一个复杂网络[2]。产业网络是指在信息技术的支持下，企业

---

① 秦娅风，郭建科，董梦如，等. 基于企业投资行为的中国沿海城市产业网络空间联系特征［J］. 地域研究与开发，2021，40（6）：19-24.

② 杨晓耘，王敬敬，唐勃峰. 复杂网络视角下的产业网络研究［J］. 北京科技大学学报（社会科学版），2010，26（3）：127-131.

之间基于核心能力，建立在信用基础之上，以合作为目的，依靠价格机制配置资源，结成具有网络特性相对稳定的社会关系，是一种普遍存在的制度安排。

（四）创新生态

当今创新范式正由线性范式（创新 1.0）、系统范式（创新 2.0）向生态系统（创新 3.0）范式转变[①]。创新范式经历了从线性到系统再到如今生态系统 3.0 的迭代。线性创新模式认为创新是来自企业的自发行为，具有一定的封闭性、排他性和非持续性；随着日本依靠系统创新实现了国家经济的快速发展，创新系统的概念被提出，涉及多方创新主体，政府在创新过程中起到自上而下的重要作用，大大提高了创新效率；现在，集聚创新要素并构建创新主体和创新环境高效互动的创新生态系统，已成为实现国家和区域创新发展的重要途径。

20 世纪初，鉴于区域创新体系与自然生态系统在结构功能、运作规律、演化发展等方面存在诸多相似性，人们将生态系统相关理论引入区域创新与演化研究中，在揭示不同层级、不同维度创新活动内在规律及区域创新体系建设实践中起到重要的推动作用。

Kim 等把创新生态系统看成是一个由企业组成的具有共生关系的经济共同体。Zahra 等则认为创新生态系统是一个基于长期信任关系形成的松散而又相互关联的网络。Kayano 等认为创新生态系统中各创新主体是在遵循"丛林法则"前提下的竞合共生关系，通过技术创新和制度创新推动发展。2004 年，美国竞争力委员会首次提出创新生态系统（Innovation Ecosystem）的概念，是基于对美国硅谷创新模式的总结，认为只有从"生态学"的视角，才能解释硅谷的难以复制性。创新生态系统是指区域内各创新群落之间及与创新环境之间，通过物质流、能量流、信息流的联结传导，形成共生竞合、动态演化的开放、复杂系统。

黄鲁成是国内较早开展区域创新生态系统研究的学者，他认为区域

[①] 李万，常静，王敏杰，等 . 创新 3.0 与创新生态系统［J］. 科学学研究，2014，32（12）：1761–1770.

创新生态系统是在一定的空间范围内，技术创新复合主体（企业、科研机构、高校、中介和政府）与技术创新复合环境（生态环境、人文环境），通过创新物质、能量和信息流动而相互作用、相互依存形成的系统，自然生态系统是区域创新生态系统的"隐喻"原型。生态系统是在一定的时空范围内，生物与生物之间、生物群落与其无机环境之间，通过物质循环和能量流动相互作用、相互依存而形成的统一整体。

创新生态系统是借助生物学生态系统特征，来类比区域经济中经济实体的运行机制。创新是新发展阶段创新生态系统的本质特征，创新驱动力主要包括技术驱动、市场驱动、技术—市场联动驱动、政府政策驱动、企业家精神驱动等，而创新生态系统驱动是新兴的，是在强调共同的价值观或价值主张的理念上，通过开放、动态交互、共生和共同演化等促使主体不断进行创新活动。在生态系统学者看来，自然界任何生物群都不是孤立存在的，而是与它们的生存环境相互作用、相互依存及新陈代谢，从而共同形成统一整体。将自然生态系统中的群落、物质、能量、信息等运作模式推演至创新过程的创新主体、创新资源、创新环境等，以实现各要素之间的自组织性，激发系统内源源不断的内生创新动力，体现创新的为民本性，并使创新更具有稳定性和可持续性。现在，集聚创新要素并构建创新主体和创新环境高效互动、循环反馈的创新生态系统，已成为实现国家和区域创新发展的重要途径。

21世纪以来，随着全球化深入发展和产业价值链的细化分解，创新资源越来越明显地突破组织的、地域的、国家的界限，在全球范围内自由流动，世界进入以创新要素全球流动为特征的开放创新时代。在此背景下，以跨国公司为主导的全球技术创新网络与以大学为主导的全球知识创新网络及地方创新系统叠加耦合，交织成立体化的全球—地方创新网络[①]。

---

① ROBERT E，LUCAS J. On the mechanics of economic development［J］. Journal of monetary economics，1988，22（1）：3-42.

（五）研发枢纽—网络

研发枢纽—网络在本质上是一种基于知识流和价值链的关系网络，不同的节点在这个网络中发挥着不同的作用。北京处于京津冀创新网络的核心地位，是区域性科技创新中心和研发枢纽。京津冀研发枢纽—网络中以高端制造业为代表的生产附域及包含知识产权服务业在内的以高端服务业为代表的商贸附域的不发达制约了京津冀协同创新发展[①]。信息通信技术的融合与发展推动了社会形态的变革，催生了知识社会，使得传统的实验室边界逐步"融化"，进一步推动了科技创新模式的嬗变。

（六）创新模式

赵成伟等[②]研究数字技术赋能乡村发展时指出，从字面意思分析，数字乡村可以拆分为"数字+乡村"，数字代表着一种技术，是一种虚拟的"数字世界"，乡村代表着本体，是被赋能的对象，是一种现实的"物理世界"，二者叠加形成乡村建设领域的"数字孪生"现象。数据承载的信息成了重要生产要素，在小农户对接大市场、提高农业生产效率、实现乡村跨越式发展、协调发展和乡村精准治理等方面，催生、激活和放大了数字技术的匹配、扩散、乘数、溢出和公平效应[③]。

数字乡村建设本质上就是传统乡村数字化转型、数字赋能的过程。基于"数字孪生"的原理，通过对农村数字化转型的实践分析，可以衡量农业数字化程度，解释乡村数字化转型的过程。基于农村地区水利、公路、电力、冷链物流、农业生产加工等基础设施的数字化、智能化转型实践，以及智慧水利、智慧交通、智能电网、智慧农业、智慧物流建设等具体应用场景，可以将乡村数字化转型分为"原生数字化"和"转基因数字化"2种转型路径。

---

① 杜勇宏，王汝芳.基于研发枢纽—网络的京津冀协同创新效果分析［J］.中国流通经济，2021，35（5）：85-97.

② 赵成伟，许竹青.高质量发展视阈下数字乡村建设的机理、问题与策略［J］.求是学刊，2021，48（5）：44-52.

③ 王胜，余娜，付锐.数字乡村建设：作用机理、现实挑战与实施策略［J］.改革，2021（4）：45-59.

与数字化转型的模式相同，创新模式也可以分为 2 种，即"源发型研发驱动模式"和"植入型产业驱动模式"。"源发型研发驱动模式"是指乡村建设过程中，通过数字化技术创造商业价值和社会价值，其核心的现代乡村商业模式在于通过技术创新驱动乡村市场应用。这种转型通常是以新一代农业数字技术企业为主体开展的主动型转型，其具体路径可以概括为"技术创新—组织机构—市场应用"。例如，虚拟"数字世界"的匹配效应，通过农技服务平台、农村电商的快速发展，有效解决了小农户对接大市场的难题；虚拟"数字世界"的乘数效应，通过现代数字技术、管理经验、知识与传统土地、劳动力要素深度融合，使传统农业实现跨越式发展，进一步突破发展瓶颈。

"植入型产业驱动模式"是指传统农村借助于数字化术实现价值优化和提升，其核心商业模式在于通过农村市场应用倒逼技术创新。这种转型通常是以传统农业企业为主体、被动型转型，其具体路径可以概括为"市场应用—组织机构—技术创新"。例如，虚拟"数字世界"的协同效应、溢出效应和公平效应，都是通过数字化技术应用，使传统农村生产效率、协调发展、乡村治理水平逐渐提升。

2.2.3　创新体系相关概念

创新体系概念是在关注竞争力的背景下提出来的，并将创新作为经济增长的核心。在原有静态的、基于成本的国际贸易基础上，经济合作与发展组织（OECD）专家组致力于开发一种更具活力的关于国际竞争力的研究方法，认为国际竞争力可以通过促进社会的学习和创新来实现，即竞争是建立在国家创新的基础之上的。之后，Porter 采用了这一观点，并论证了集群在推动创新，从而使企业和国家获得竞争优势方面的作用。菲利普·库克（Philip Cooke）在其 1992 年发表的文章中首次使用了区域创新体系的概念，区域创新体系既是国家创新体系的组成部分，又是国家创新体系的有效工具（上海市科学学所，2021）。

早期，靠管理创新；现在强调技术创新的重要性，但是科技与经济仍然是两张皮，需要强调制度创新与科技创新双轮驱动。长期以来，国内企业以生产为经营管理的核心，总是追求产品数量的增加和企业规模的扩展，而产品却可以几十年不发生质的改变，在低技术层次上的生产能力的上升并不是一件好事，一旦这种生产的扩大超过了市场的需求，产品过剩积压便难以避免。近些年，人民慢慢意识到了科技重要性，数理化逐渐得到重视，但是却又走向了另外一个极端，即过多的关注了科学、知识和理论研究，而没有特别关注科学向技术乃至产业应用的转化，导致我国工业发展仍然滞后，遭遇"卡脖子"问题。Niosi 等[1]认为："在特定行业拥有国家和区域创新的国家将更加富有，而持续利用相同资源的国家会面临资源枯竭的问题……富有的国家和地区将更加富有，而贫困的国家将更加贫困，富有国家较贫困的地区亦是如此。"

（一）国家创新体系

石定寰等[2]在《求是》杂志发表的《建设面向二十一世纪的国家技术创新体系》一文中提到，通过总结日本、欧盟技术创新经验，发现技术创新必须通过建立国家体系来运作，并提出加快机构改革，优化创新服务机构，改善创新环境等构建国家创新体系的途径。

（二）区域创新体系

20 世纪 90 年代之后，很多研究发现创新发展出现明显的区域化特征，不同地区的创新活动形成了地理上的分工，针对该现象，学者们在国家创新系统理论的基础上，将研究的范围转向特定区域，创造性地提出区域创新理论。大多数区域创新体系的文献都反映了西方工业化地区的特征，在很大程度上是受到以下 2 个方面的启发发展而来。欧洲小型国家的经验和发展迅猛且创新能力强劲的区域的案例，后者如"传统"的意大利工业区和硅谷。但如今，针对中国和其他亚洲国家的区域研究也越来越多地用到了区域创新体系方法。创新体系方法还受到一般系统论的启发，采

① NIOSI J. Building national and regional innovation systems: institutions for economic development [M]. Massachusetts: Edward Elgar Publishing, 2010.

② 石定寰，柳卸林. 建设面向二十一世纪的国家技术创新体系[J]. 求是，1999(10): 22-24.

用了"系统"和"涌现性"的定性概念[①]，但是，Lundvall[②]还是坚持认为创新体系方法中的"体系"更偏重于"网络"。

阿什海姆（Asheim）等[③]认为，像中国这样内部差异较大的大国，在区域层面实施创新体系政策似乎是最为合适的。英国学者 Metcalfe[④] 提出，以国家作为创新体系进行研究所包含的动态范畴太大，他同时倡导应该"以一组有特色的、以技术为基础的、相互关联的、能够支撑国家创新体系发展的体系"为研究对象，即以组成国家创新体系的区域创新体系为研究对象将更加有意义。

区域创新体系是在 20 世纪 90 年代以后才被提出来，英国卡迪夫大学的库克（Cooke）教授对区域创新体系进行了较为全面的理论及实证研究。Cooke 等[⑤]认为区域创新体系是指在一定的地理范围内，经常地、密切地与区域企业的创新投入相互作用的创新网络和制度的行政性支撑安排。

区域创新体系理论的出现有着独特的时代背景。首先，随着全球分工的不断细化，区域成为参与国际竞合的重要对象；其次，与国家相比，区域呈现出更为活跃的要素流动和网络化特征，因此区域创新体系成为了探索要素之间相互作用的新研究主体[⑥]。区域创新体系肩负着将技术转化为经济增长力量的重要职责，能够优化区域内的资源配置，协调区域间的发展关系，促进区域内经济的高速增长。它是国家创新系统的基础，也是国家创新系统理论的具体化和区域化，是国家创新中重要的支持力量。同

① WEBER K M, TRUFFER B. Moving innovation systems research to the next level: towards an integrative agenda [J]. Oxford review of economic policy, 2017, 33, 101–121.

② LUNDVALL B Å. Scope, style, and theme of research on knowledge and learning societies [J]. Journal of the knowledge economy, 2010, 1: 18–23.

③ 阿什海姆，伊萨克森，特里普尔. 区域创新体系概论 [M]. 上海市科学学研究所，译. 上海：上海交通大学出版社，2020.

④ METCALFE J S. Technology systems and technology policy in an evolutionary framework [J]. Cambridge journal of economics, 1995, 19（1）：25–46.

⑤ COOKE P, URANGA M G, ETXEBARRIA G. Regional systems of innovation: an evolutionary perspective [J]. Environment and planning A, 1998, 30: 1563–1584.

⑥ TODTLING F, KAUFMANN A. Innovation systems in regions of Europe: a comparative perspective [J]. European planning studies, 2007（7）：699–717.

时，区域创新体系也是企业创新的助力器，建立区域创新体系是发展区域经济、形成特色产业、提升区域竞争力的关键[①]。胡志坚等[②]认为构成区域创新体系基本构架的三大实体要素为：面向市场经济的科技资源、不断衍生和壮大的经营机制灵活的新型企业、新的经济政策与政府管理办法，并提到区域是企业的"群"，这些区域由遵守合作和竞争规则的企业网构成，并且已经形成全球的竞争力。

集群创新系统由具有明确的地理界限和行政安排的创新网络与机构组成，这些创新网络和机构以正式和非正式的方式相互作用，从而不断提高内部企业的创新产出。区域创新体系包含支撑机构环绕的区域集群，区域创新体系主要由 2 种类型的主体及它们之间的互动构成：第一类主体就是区域主导产业集群中的企业，同时包括其支撑产业；第二类主体就是制度基础结构，如研究机构和高等教育机构、技术扩散代理机构、职业培训机构、行业协会、金融机构等，这些机构对区域创新起着重要的支撑作用。区域创新体系可以分为 3 种类型：第一种类型是本地根植性的区域创新网络；第二种类型就是区域网络式创新系统；第三种类型是区域性国家创新系统[③]。

（三）城市群协同创新系统

城市群协同创新系统是指各类创新主体之间及创新群落与其创新环境之间，通过要素流动、主体间互动、技术扩散和知识溢出，与周边城市产生联系，并通过物质流、资金流、人才流、信息流等实现协同创新，并在竞合关系中动态演化，实现共赢的区域创新体系。借鉴生态系统的"个体—种群—群落—生态系统—生态圈"结构层次及生物多样性的基因、物种、生态系统 3 个层次，可以将城市群协同创新网络体系划分为"知

---

① 傅利平，何兰萍. 从产业集群到创新集群：全球价值链视角下的产业集群发展 [M].北京：经济科学出版社，2016.

② 胡志坚，苏靖.区域创新系统理论的提出与发展 [J].中国科技论坛，1999（6）：21-24.

③ 陈晓红，解海涛.基于"四主体动态模型"的中小企业协同创新体系研究 [J].科学学与科学技术管理，2006（8）：37-43.

识—创新主体—产业—空间生态圈"4个层次，即城市群协同创新网络在市场需求和政府引导的驱动下，通过知识、创新主体、产业、空间生态圈等层面的耦合作用，相互促进、循环累计来保证系统的持续发展。

在知识层面，知识参与者之间通过社会网络实现个人、组织与组织外部的知识创造与传递，并进行信息合作与交流。在创新主体层面，通过创新主体之间的联结关系和互动作用，让资源在各主体之间流动、共享、优化配置，促进创新要素跨区域流动、整合与利用。在产业层面，各个城市发挥自身优势和特点，形成分工协作、优势互补、联系紧密的网络系统是城市群协同创新的目标之一。城市群区域通过构建产业链、创新链、价值链三链融合发展的产业新格局，畅通科技研发、中试孵化、成果转移转化、产业发展渠道等，打造紧密的创新网络，实现自主技术创新和产业升级。在空间生态圈层面，通过产业及创新空间布局的不断优化，促进创新要素空间集聚与扩散，推动形成城市群创新网络关键链接点和要素流动"廊道"，实现城市群协调发展。

以上4个维度层次相互影响和相互嵌套，构建了复杂而庞大的京津冀城市群协同创新网络体系，分别是基于关联与共享知识网络体系、基于要素流动和主体互动的创新网络组织体系、基于城市分工与融合发展的产业协作网络体系、基于关键链接点的协同创新空间网络体系，而开放共享度、网络化程度、匹配融合度、关联及多样度是衡量城市群协同创新的重要特征[1]。胡悦等[2]认为网络结构从最初以"北京、天津"为核心演变成"北京—天津—廊坊"三角结构，重要节点、次节点不断增多，生态创新联系向"小世界网络"发展。高水平的开放式协同创新将协同创新作为一个过程、一个系统，涉及协同创新的先行情况、突发事件和可能后果，贯穿知识的生成传播和创新转化的整个过程。

---

① 李梅，孙艳艳，张红.京津冀城市群协同创新网络体系构建的问题与对策研究[J].科技智囊，2021（10）：70–76.

② 胡悦，马静，陈菲，等.京津冀城市群生态创新联系及网络结构研究[J].城市问题，2020（12）：4–13.

（四）技术创新和制度创新

之后，熊彼特（Schumpeter）通过对其理论进行更加细化深入地研究，使得其创新理论产生了两大重要分支，即技术创新和制度创新理论，丰富和发展了创新理论。

曼斯费尔德、施瓦茨以及弗里曼等是技术创新学派的代表人物。曼斯费尔德具体研究了技术扩散及技术推广的模式，并强调技术的扩散效应的重要性。施瓦茨等则着重探讨了有利于技术创新的市场结构类型。弗里曼则从创新的主体角度出发，发展熊彼特理论的创新主体，他指出不能忽视国家作为创新主体的重要性，并以技术创新为出发点，创立了国家创新系统（NIS）理论，该体系是多主体基于共同经济目标而建立起来的一种综合运行机制，其主体是政府、企业、高等院校、科研机构等，认为技术创新是国家经济变革的重要力量。

兰斯·戴维斯、道格拉斯·诺斯等是制度创新学派的代表，该学派强调制度创新的重要性，且通过一般静态均衡和比较静态均衡的研究方法，证明了合理的制度安排对经济发展的重大作用，指出随着市场规模的扩大、生产技术的进步需要更加合理的制度作为支撑。因此，可以通过变革制度、进行管理创新等形式释放经济的潜在收益[1]。

2.3 相关理论

2.3.1 区域经济学理论

区域经济学与经济地理学、区位经济学（亦称区位理论或产业布局学）都属于空间经济学，是一门聚焦区域经济发展差距与问题区域发展的经世济用之学。20 世纪 50 年代，区域经济学在西方国家诞生，正式成为一门新学科；到了 20 世纪 80 年代的改革开放初期，其被引入中国，催生了 20 世纪 80 年代末和 90 年代初中国区域经济学的第一波热潮，区域经

---

[1]　何晨露．河北省创新驱动发展能力评价与对策研究［D］．保定：河北大学，2017.

济学在中国的发展步入正轨。至 21 世纪初期，区域经济学已成为一门颇具影响力的学科，发展呈现勃勃生机。进入新时代后，中国的改革开放和社会主义现代化建设进一步提升了中国的国际地位、影响力与话语权，使得中国道路成为举世关注的新话题。其中，与之相应的区域经济发展与管理创新不断推动区域经济学成长[1]。

张可云[2]认为区域合作的活动主体应该是企业而不是政府，政府的作用是通过合理的区域合作政策引导企业跨区域活动与竞争，并防止区域经济冲突，即区域间恶性竞争。但是，现实情况可能存在资源依赖的情况，技术转移和创新网络的理论均提出技术转移、创新交流的驱动力在于区域间需求和资源的不相适应的现状所引发的交流互动需求。Pfeffer 等[3]指出任何组织自身都难以具备进行经济活动所需要的全部资源，因此与外界的知识、技术交互就显得尤为重要，通过这种交流获得互补性的资源，形成研发联系、空间联系，但不足之处在于可能导致该组织对提供互补资源的组织产生资源依赖。因此，对于一个组织是否持续生存的关键影响因素在于能否设法降低对自身外部资源的依赖，或者找寻能够稳定获得所需要的自身紧缺资源的办法。强调组织的生存要从外部获取资源，甚至是从周围环境中吸收关键资源，与环境形成相互依存、相互作用的共生关系。现实市场竞争环境下，单个组织往往因为缺乏关键的资源而处于劣势地位，在处理关键问题时丧失有效的竞争力。因此，可以与类似的组织进行有效合作，以应对有效资源不足的问题。

在区域经济发展的动力方面，新区域主义学者和全球生产网络学者的研究表明，区域经济发展受到内生和外生 2 种力量的影响，进而表现为内生型经济增长和外生型经济增长。在这些学者思想的基础上进行衍生，

---

① 张可云. 区域协调发展新机制的内容与创新方向［J］. 区域经济评论，2019（1）：5–9.

② 张可云. 中国区域经济学的认知误区辨析与学科框架讨论［J］. 区域经济评论，2021（4）：10–15.

③ PFEFFER J，SALANCIK G R. The external control of organizations：a resource dependence perspective［M］. California：Stanford University Press，2003.

区域经济发展模式也可分为以本地要素及市场占主导的内生型模式和以全球要素及市场占主导的外生型模式[①]。在经济全球化时代，要素具有高度流动性，使得每个有能力的地区都可以在更大尺度上去组织要素，关系成为决定区域经济发展模式形成与演化的重要动力。在要素、制度、关系3个方面的共同作用下，区域经济发展模式得以形成。区域协同创新，既包含了要素层面，也囊括了关系维度，在国家协同发展战略的指引下，则将制度的作用部分地引入，还涵盖了研发要素流动、空间知识溢出与经济增长、发展转型的各方面关系与机制[②]。

2.3.2 技术转移与创新溢出的相关理论

（一）技术转移理论

技术转移实际上就是关于科技成果转化的问题，它包括技术在国家之间、区域之间、部门之间的转移与转化。技术转移理论与实践产生于20世纪60年代，此后一直是学术界讨论的热点话题，后来逐渐演变成多种类型的技术转移理论。美国经济学家波斯纳（Posner）[③]最早提出技术差距论，他认为技术差距是国家、地区、企业之间技术转移的前提，技术与经济同样存在"二元结构"，技术总会从"中心"（技术发达国家）向"边缘"（技术发展国家）实现转移。自波斯纳提出技术差距论后，迈依耶（Meier）提出"技术二元结构"论、金泳镐提出"技术积累差距"论、克鲁格曼（Krugman）提出"技术转移均衡"论等与波斯纳相似的观点。在技术转移选择理论方面，比较有影响的人物是美国的Manthfield、邓宁、Cave等，他们从国际贸易、对外直接投资、技术转移的角度出发，研究发

---

① WEI Y H D. Beyond new regionalism, beyond global production networks: remaking the sunan model, China［J］. Environment & planning C: government & policy, 2010, 28（1）: 72-96.

② 黄彩虹. 城市群协同创新的网络结构演化及经济效应研究［D］. 济南：山东师范大学，2021.

③ POSNER. National trade and technological change［J］. Oxford economics sciences, 1961, 10: 238-240.

现企业在国外能获最大利益、拥有区位优势、控制技术专利权的情况下，倾向于对外直接投资；当企业处于利益受阻、区域优势和竞争优势下降的条件下时，一般选择技术转移[①]。

（二）技术溢出理论

技术溢出实际上是技术转移的一种非自愿的形式，跨国公司通过对外直接投资内部化实现其技术转移，这种技术转移行为会对东道国带来外部经济，即技术溢出效应。当然，除国际技术溢出外，还包括国内技术溢出、行业间技术溢出、行业内技术溢出等。马歇尔（Marshall）、庇古（Pigou）最先提出溢出的概念，他们认为溢出是一种外部行为，由此引起学者们对技术溢出问题的探讨。MacDougall 等[②] 在分析外商直接投资对东道国的福利效应和资源配置效应时，首次提出了技术溢出理论。

2.3.3　知识创新相关理论

Cowan 等[③] 指出，创新来源于网络合作中知识的协同，而知识的互补性影响网络协同创新的产生。

（一）知识管理理论基础

对区域协同创新进行了大量的研究发现，知识与学习对区域协同创新有着至关重要的作用，经济的增长很大程度上来源于知识、劳动和技术，而通过学习可以源源不断地吸取新知识、学习新技能，只有学习才能更好地进行创新研究，才能将理论知识和实际结合起来，并成功高效地引入到经济活动中去，才能更好地促进经济快速发展。所以，知识、学习、创新是连续的，是一体化的过程，缺少哪一个环节都不能较好地完成创新。著

---

① KRUGMAN P R. Model of innovation, technology transfer, and the world distribution of income [J]. Journal of political economy, 1979, 2: 253–266.

② MAC D. Welfare impacts of foreign direct investment [J]. Economics record, 1960, 19: 56–63.

③ COWAN R, JONARD N, ZIMMERMANN J B. Bilateral collaboration and the emergence of innovation network [J]. Management science, 2007, 53（7）: 1051–1067.

名的知识理论学者 Polanyi[①] 对知识进行了较为透彻的分析研究，他指出知识的存在分为两大类，分别是隐性知识和显性知识，其中隐性知识是那些"可意会，不能言传"的技术技能等，占据着个人、企业总体知识储备的大部分；而显性知识是指可以用简单的符号来表达、传播的知识形式，只占据着知识存量的少部分。

Asheim 等把产业知识基础进一步分为综合型知识基础与解析型知识基础。综合型知识基础指的是创新主要通过现存知识或知识的新组合来产生，如造船、机械等，这种知识基础多产生渐进性创新。解析型知识基础指的是创新主要通过科学研究创造新知识来产生，如生物技术、遗传技术等，这种知识基础多产生激进性创新[②]。丹麦学者 Lundvall 等[③] 对知识的类型进行了进一步的分析研究，认为对科学原理的发现及认识的知识属于显性知识，对社会网络的密度及强度的认识和专门的技能属于隐性知识。

正是由于在区域社会网络内不断的寻找并吸取隐性知识，从而在区域网络内形成了特定的集群，如特定的个人拥有地方性的技能。区域协同创新系统较好地延续了以上对知识的划分方式，并把知识作为此系统的内生变量，特别强调了隐性知识的重要性，认为隐性知识的存储、保留和延续是学习的关键性问题，是区域竞争力最好的判别依据。隐性知识的空间黏性特点决定了其不易流动的特性，空间分布也在一定程度上被限制。通过在企业内部建立良好的信任关系，可以促进企业之间面对面地直接交流，从而获得更多的隐性知识，增强企业的核心竞争力。所以，区域经济关系与知识活动主要表现在隐性知识的邻近性上，其邻近性主要表现在地理、制度和组织关系等方面，体现出隐性知识是协同体系的良好黏合剂，能较好地推动协同创新系统的运行。

---

① Michael P. Personal knowledge：towards a post-critical philosophy ［M］. London：Routledge，1962.

② 李美桂，赵兰香，张大蒙. 基于产业知识基础的北京科技创新中心建设研究 ［J］. 科学学研究，2016，34（12）：1897-1904，1915.

③ LUNDVALL B-A，JOHNSON B. The learning economy ［J］. Journal of industry studies，1994，1：23-42.

（二）知识经济相关理论

知识经济亦称智能经济，是一种以知识为依托、富有活力的崭新经济形态。知识经济产生于 20 世纪 80 年代，起源于新经济增长理论。在新经济增长理论中，Romer[1] 指出，知识积累是经济增长的一个内生独立因素，它可以提高投资回报率，并把其看作现代经济增长的源泉。而 Lucas[2] 却认为，人力资本才是经济增长的源泉，但人力资本的积累需要知识生产和技术进步，这些研究使人们对知识经济理论有了全新的认识。随着知识与经济之间的互动作用日益加强，并对投资模式、发展方式、产业结构产生了深刻影响。联合国经济合作与发展组织（OECD）于 1996 年在《以知识为基础的经济》的文章中，将知识经济定义为：建立在知识的生产、分配和使用上的经济。其中，知识就是人类社会所创造的的一切知识，主要包括科学技术、制度管理和行为科学的知识。知识经济理论认为，以知识和信息为特征的经济正在取代以资本和资源为特征的经济，新经济的增长动力主要来自技术、知识和制度等方面的创新，人力资源的质量和劳动者技能是推动新经济发展的现实力量，知识的研发、扩散和应用是转化经济优势、推动经济增长的主要方式。

2.3.4　增长极理论（中心—外围、区位论理论）

法国著名的经济学者 Perroux[3] 重点研究了增长极理论，并继承了熊彼特的相关思想，在"经济空间"的基础上提出了"推动型单位"的新型说法。推动型单位是最基础的经济单位，对所有的经济单位起着支配的作用，当推动型单位增长时，能较好地促进其他经济单位的进一步提高。增长极理论认为，在国家相关政策的引导下，一个地区内可以建立系统化的具有推

---

① ROMER P M. Increasing returns and long-run growth [J]. Journal of political economy, 1986, 14: 1002-1037.

② LUCAS R E. On the mechanism of economic development [J]. Journal of monetary economics, 1986, 22: 3-22.

③ PERROUX F. Economic space: theory and applications [J]. The quarterly journal of economics, 1950, 64（1）: 89-104.

动型的产业，并将其产业进行较好的集聚，使得本地区的经济得到更好的提高。新的增长极理论将研发活动提到关键位置，并将其作为增长极，从而强调了研发活动的重要性，同时体现出增长极的创新性较高。根据新型的增长极理论，国家政府需要加大对科研活动的投资，促进区域内相关大学、企业和研究机构研究水平的提高，从而推动本地区的经济快速发展。

2.3.5　三螺旋理论

Etzkowitz 和 Leydesdorff 所提出的三螺旋创新系统，是知识经济的自组织形式，构成了产学研协同创新理论的重要组成部分。三螺旋理论由美国遗传学家理查德·列万廷（Richard Lewontin）在《三螺旋：基因、生物体和环境》一文中最早提出的，并对它的思想精髓进行了详细阐述。1997 年，亨瑞·埃茨科瓦茨（Henry Etzkowitz）[①]首次把三螺旋理论引入经济学领域，提出政府、企业和大学之间的三螺旋动力理论，并用于揭示知识经济时代各种创新主体之间的新关系，深化了对创新结构理论的研究。勒特·雷德斯道夫（Loet Leydesdorff）[②]阐述了该模型的理论系统，提出三螺旋模型结构由知识生产机构、企业和产业部门、不同层次的政府部门组成，这 3 个部门在知识创造与传播、技术产生与应用、职能协调与互动中，最终孕育出一种新型的知识创新体系。三螺旋理论认为，在知识创新驱动下，产业、科研院所、政府这三方应相互协作、相互影响，促进知识生产与传播、技术转化与产业化及技术进步，推动创新系统动态螺旋上升，它强调创新主体的合作关系、知识技术的跨界流动、创新群体的共同价值等。

---

① Etzkowitz H. Academic industry relations: a sociological paradigm for economics development［M］. Boston: Harvard Business School Press, 1997.

② LEYDESDORFF L. The new communication regime of university, industry and government relations［M］. New York: The Free Press, 1997.

2.3.6　技术创新理论

（一）比较优势理论和技术赶超理论

针对产业政策的研究存在后古典经济学和演化经济学 2 种不同的理论范式，在发展经济学领域，这 2 种不同的理论范式表现为新结构经济学和演化发展经济学（主要是凡勃伦以来的老制度学派和新熊彼特学派），前者是基于比较优势理论，后者是基于技术赶超理论[①]。

林毅夫[②]认为新结构经济学的切入点是要素禀赋结构，是指一国经济中自然资源、劳动力和资本的相对份额，当一个国家的劳动资本由相对缺乏发展为相当富裕时，该国就会出现比较优势，即发展劳动密集型产业，这需要有效的市场、有为的政府和产业政策。

而另外一条发展道路显示，在开始时，一个国家由于各种原因导致很贫穷，如果这个国家能够不断地积累和革新技术力量，而不是一味地向国际寻求帮助，该国终究会富裕起来。如果仅仅是靠要素禀赋，出卖自然资源或廉价劳动力，虽然可能会获得短暂的快速发展，但是终究会受制于人，陷入贫困的陷阱，像一些资源丰富的国家一样陷入"中等收入陷阱"，受到"资源诅咒"[③]。所以，经济发展的核心应该是技术赶超，核心问题是技术能力的积累和不断革新。创新是技术与经济的有机融合。发挥比较优势，更需要开放、合作等制度创新；实行技术赶超，更需要自主研发等技术创新。然而，二者并不是矛盾的，只是当中国经济发展所处的阶段不同，侧重点不同而已。

在改革开放初期，中国发展相对落后，与发达国家之间的势能差较大。但是在这个时候，我国绝不能忽视自身在劳动力众多、成本低、资源丰富等方面的优势，而一味地闭门造车、自行发展。而是应该打开大门，引进、消化、再吸收，以改革开放等制度创新促发展，所以我国迎来了近

---

① 贾根良．演化发展经济学与新结构经济学：哪一种产业政策的理论范式更适合中国国情［J］．南方经济，2018（1）：1–35.

② 林毅夫．新结构经济学的理论基础和发展方向［J］．经济评论，2017（3）：4–16.

③ 李斯特．政治经济学的国民体系［M］．陈万熙，译．北京：商务印书馆，1961.

30 年的高速发展。随着我国的逐渐强大，部分领域由跟跑逐渐向并跑、领跑转变，放眼世界，可供我国学习、引进的技术越来越少，所处的发展阶段已经变迁。这就要求我国必须依靠自主研发实现技术赶超，进一步发挥技术创新优势。

（二）"本地蜂鸣—全球管道"

关系经济地理学者 Bathelt 等[1][2]基于跨区域视角构建的"本地蜂鸣—全球管道"（Local Buzz-global Pipeline）知识流动模型拓宽了知识流动的空间尺度，将本地知识流动视角结合了跨域知识流动，重视外部和内部的知识源，跨域、跨界网络开始受到重视。这种"跨域"的作用不仅跨越了地理邻近的界限，也存在认知邻近、组织邻近、社会邻近、制度邻近的跨越，实现不同知识体系、不同组织、不同所有制和不同文化语言背景等多维邻近的交互对创新主体协作关系的影响。

2.3.7 邻近性理论

邻近性一般是指地理邻近性、技术邻近性、制度邻近性。数字经济的兴起，对地理邻近性造成了一定的冲击，一定程度上弱化了区域的边界。Chesbrough[3] 提出了开放式创新模式，认为所有创新活动的边界都是模糊的，提到一个组织可以从其外部和内部同时获得有价值的创意和优秀的人力资源，运用外部和内部的研发优势在外部或内部实现研发成果商业化，并在使用自己与他人的知识产权过程中获利。Boschma[4] 等学者认为，随着

---

① BATHELT H, MALMBERG A, MASKELL P. Clusters and knowledge: local buzz, global pipelines and the process of knowledge creation [J]. Progress in human geography, 2002, 28（1）: 31-56.

② FERREIRA J J, RAPOSO M, RUTTEN R, et al. Cooperation, clusters, and knowledge transfer [M]. Heidelberg: Springer-Verlag, 2014.

③ CHESBROUGH H W. Open innovation [M]. Boston: Harvard Business School Press, 2003.

④ BOSCHMA R A. Proximity and innovation: a critical assessment [J]. Regional studies, 2005, 39（1）: 61-74.

信息化技术的发展，地理邻近性作为影响区际创新联系的因素之一，仅是创新溢出的必要条件，且其重要性正在弱化，创新扩散越来越多地受到技术邻近性和制度邻近性等相关因素的影响。

然而，更多的学者研究发现，新时期区域协同创新的地理空间邻近性仍然重要。首先，创新辐射是邻近性理论的重要研究对象，要发生创新辐射，需要一定中间媒介，一般包括基于创新链、产业链的协作和交通与信息设施的一体化[①]。创新在区域中的传播和扩散并不是均质发生的，而表现出一定的偏好。当具备一些特定条件时，创新的扩散更容易发生。地理邻近是指地理空间的距离远近，大量研究证明，地理邻近是知识溢出的基础条件。知识可以被划分为显性知识和隐性知识，虽然随着互联网的发展，很多可编码的显性知识可以跨越地理距离而传播，但对于很多隐性知识来说，仍然需要大量面对面的交流，而知识的传播需要合作者、供应商与客户等不断地进行反馈和交流，地理邻近会大大提高交流的效率。其次，许多研究也证实了创新的溢出具有很强的随地理距离而衰减的特征，因此区域核心城市的创新扩散首先是针对距离较近城市。技术邻近是指不同创新主体拥有相似的知识基础和技术结构，在城市层面，是指 2 个城市的技术结构的相似性和互补性。制度邻近是指不同主体或地区在惯例、规则、法律、文化氛围等方面的一致性。而技术邻近性、制度邻近性仅是地理邻近性的一种补充，尤其是针对中国这样发展阶段的国家。

2.4 本研究所涉及的基本概念

2.4.1 创新

在中国，创新亦作"剙新"，包含创立或创造新的、首先两层含义。在西方，对应的英文单词是"Innovation"或"Innovate"，该词起源于拉丁

---

① 徐雪琪，程开明. 创新扩散与城市体系的空间关联机理及实证［J］. 科研管理，2008（5）：9-15.

语，它原意有更新、创造新的东西和改变三层含义。经济学上，创新概念的起源为美籍经济学家 Schumpeter[①] 在 1912 年出版的《经济发展概论》。Schumpeter 在其著作中提出：创新是指把一种新的生产要素和生产条件的"新结合"引入生产体系。该概念包含的范围很广，涉及技术性变化的创新及非技术性变化的组织创新。随着 60 年代新技术革命的迅猛发展，美国经济学家 Rostow 提出了"起飞"六阶段理论，把"技术创新"提高到"创新"的主导地位。著名学者弗里曼把创新对象基本上限定为规范化的重要创新，指出技术创新就是指新产品、新过程、新系统和新服务的首次商业性转化。

为真正理解创新的含义，有必要区分一下研究与发展（R&D）活动、科学技术活动（STA）、科技创新活动这个几个类似的概念。按照 OECD《弗拉斯蒂卡手册——研究与试验发展调查实施标准》的界定，"R&D 活动"范围最小，与 R&D 相关的活动分为科学技术活动（STA）和科技创新活动。"科学技术活动"在 R&D 基础上扩大范围，除了包括 R&D，还包括科技教育与培训和科技服务。"技术创新活动"指所有关于科学、技术、组织、金融和商业性进程，包括对新知识的投资。R&D 活动只是技术创新活动的一种形式，"创新活动"则包含与技术创新相关的经济活动。

2.4.2 协同

该理论的创立者是德国斯图加特大学教授、著名的物理学家 Haken。协同思想最初来源于他对于激光现象的研究，他发现任何复杂系统既有独立的运动，又有相互作用的整体运动。他在 1971 年发表的《协同学：一门协作的科学》一文中提出了协同的概念[②]。著名管理学家 Ansoff 把协同的理念引入经济学领域，并提出"1+1＞2"这一精练表述。日本学者依丹广之进一步深挖协同的内涵，并把 Ansoff 提出的协同内涵划分为"协同

---

① SCHUMPETER J. The theory of economic development［M］. Cambridge：Harvard University Press，1912，5：67–75.

② HAKEN H. Synergetics：cooperative phenomena in multi–component systems［M］. Belin：Springer–Verlag，2013.

效应"与"互补效应"2个层次。国内对协同理论的研究相对较晚，进入21世纪后，理论界才逐渐开始从协同的角度研究区域经济问题。张晓平等[1]从土地使用和区域联动的角度，探讨中国经济功能区土地使用的区域效应和协同机制。陈劲等[2]立足于功能整合与创新协作2个方面，提出了区域创新协同的内涵特征与理论构架。

协同理论认为，系统内各子系统间的交互协同促使整个生态系统产生单个系统不存在的新的结构和功能，并产生超出各子系统加和的协同效应，协同的关键是建立协同创新的自组织协调机制。协同创新网络具备自组织的2个必要条件：一是网络具有开放性，能够与外界进行物质、能量和信息的交流，确保系统具有生存和发展的活力；二是网络内部各子系统具有非线性相关系性，子系统能够协调合作，减少内耗，充分发挥各自的功能效应。自组织的形成能够使协同创新网络系统从无序的不稳定状态向有序的稳定状态发展，实现自我完善和发展。

在内涵研究方面，协同学主要是研究远离平衡态的开放系统在外界有物质或能量交换的情况下，如何通过自己内部协同作用，自发地出现在时间、空间和功能上的有序结构的理论。概括而言，协同学把系统的有序称为"自组织"，不同聚集状态之间的转变过程称为"相变"，子系统间的随机波动而导致系统宏观量的瞬时值偏离平均值的现象称为"涨落"；把影响系统有序的关键因素称为序参量，非关键因素称为控制参量。协同学采用统计学的方法，利用不同学科的分析思想，提出了多维相空间理论，建立了有序和无序的相互转化的运行机制，确定了系统的秩序状态及系统的协同作用的条件和实现方式，完成了从微观状态到宏观状态的过渡，阐明了自然界中各种开放系统从无序到有序的转变规律及系统由有序到无序的演化规律。协同学是现代科学中各个学科中系统论、信息论、突变论、结构耗散理论等理论思路结合在一起的最新成果。

---

① 张晓平，陆大道. 开发区土地开发的区域效应及协同机制分析［J］. 资源科学，2002，5：16–23.

② 陈劲，阳银娟. 协同创新的理论基础与内涵［J］. 科学学研究，2012，30（2）：161–164.

2.4.3 区域

（一）区域划分的基础是行政区、经济区、产业集群等

除非一个国家疆域特别狭小，国家一般都会根据行政管理的需要，将领土划分成有层次的区域，即为行政区，是国家政权建设的重要组成部分，是一种政治地理现象。

经济区是指基于经济产业联系的需要，将若干不同等级的行政区的组合，形成不同的紧密联系的空间范围，如传统的东部、中部、西部和东北四大经济板块划分。由此可见，经济区是由不同等级行政区组合而成，行政区是划分不同经济区的基础。

产业集群超越了一般产业范围，是产业纵向一体化发展的结果。越来越多的企业将原本垂直一体化的产品价值链分割为不同的环节、区段，并将其分散布局在不同的城市。生产分割深刻地改变了城市体系的组织方式和区域经济的联合过程，从而产生产业集聚。单个产业集聚最终会导致多个产业集群，形成集聚经济。

区域本身就是一个宽泛的空间概念，一般是指地理上的某一范围，是按照特定标准在地球表面上划出的、不间断的空间单位。按照行政区、经济功能、产业集聚等不同的划分标准，可以形成不同的区域概念，属于工具概念层面。

（二）"跨省级"是区域协同创新的主要关注空间尺度

目前，多数关于区域协同创新的研究都没有明确一个协同创新合理的空间范围及其作用的区域。案例分析中的区域大小差异很大，多大的区域尺度是合理的？是有利于区域协同创新良性开展的？刘冬梅等[①]认为，区域创新一般可以从 3 个层次来理解。

第一个层次，跨省区域。是指超越省级行政主体，在某些方面具有同质性特征的区域，如按照经济发达程度划分的东部地区、中部地区、西部

---

① 刘冬梅，冉美丽. 国家创新体系视阈下区域创新的边界、内涵与政策启示［J］. 科技中国，2022（2）：1–5.

地区；按照技术经济关联性划分的长三角地区、京津冀地区等。

第二个层次，省级区域。具有明确的行政权力依托和清晰的地理边界，对辖区内次级区域具有管辖权，对辖区内资源具有统一调配权的行政主体。如湖南省、广东省、江西省。

第三个层次，省内区域。指在一个省级区域内、具有某些共同特征或具有明确行政区划的次级区域，如具有共同经济特征的长株潭地区，具有明确行政区划的次级区域长沙市、株洲市等。

从历史上看，国家层面的区域划分都是跨省级的。国家始终高度重视"全国一盘棋"的发展理念，早在1958年，我国在东北、华北、西北、华东、中南和西南六大行政区的基础上设立了东北、华北、西北、华东、西南、华中和华南七大经济协作区域。"九五"期间进一步将1985年所划分的十大经济区整合为东部地区、环渤海地区、长三角地区、东南沿海地区、中部地区、西南和东南部分省区、西北地区等七大区域。

从国家创新体系自身看，仅跨市（县）可以在省（市）级行政区内解决，而跨越省级行政区的资源配置、科技创新合作、科研人才流动等超出行政区的职权范围，往往难以协调，区域创新体系构建的难点主要表现为跨省级行政区的协调与合作，特别是"块状区域"（如东北地区、西部地区）、横跨东西的"条状流域"（如长江流域、黄河流域），以及更广泛的跨区域合作（如东西部合作、南北方合作）等。因此，"跨省级"的区域协同创新才有研究的现实意义。

2.4.4 区域创新

区域创新强调的是产业链关系，以行政关系为辅。区域创新体系理论是一个崭新的研究范畴，来源于国家创新系统理论和现代区域发展理论。英国 Cooke[①] 教授最早对区域创新体系理论进行较为全面的概述，认为区域创新产生于区域创新体系，而区域创新体系是由地理空间上相互关

---

① COOKE P. Regional innovation system: general findings and some new evidence from biotechnology clusters [J]. Journal of technology transfer, 1992, 27: 133–145.

联与相互分工的企业、大学、科研部门等构成的区域组织体系，其主要功能是配置创新资源、促进知识生产和技术扩散、协调区域创新活动。万宇艳[1]认为，区域创新体系是有区域内政府、高校、企业及各种科技、中介服务机构等组成的，以生产、储存、转入知识、技术及新产品为目的的立体交互网络，并提到区域创新体系的研究脱胎于对国家创新系统的研究，同时衍生出的还有产业创新系统、技术系统、地方创新系统等概念。

2.4.5 协同创新

美国麻省理工学院的 Peter Gloor[2]最早给出协同创新（Collaborative Innovation 或 Synergy Innovation）的定义——由自我激励的人员所组成的网络小组形成集体愿景，借助网络交流思路、信息及工作状况，合作实现共同的目标。

陈劲等[3]认为，协同制造与开放式创新是协同创新的前范式，在创新逐步转向系统化、网络化范式的背景下应运而生的。协同创新的内涵本质是：企业、政府、知识生产机构（大学、研究机构）、中介机构和用户等为了实现重大科技创新而开展的大跨度整合的创新组织模式。协同创新是通过国家意志的引导和机制安排，促进企业、大学、研究机构发挥各自的能力优势、整合互补性资源，实现各方的优势互补，加速技术推广应用和产业化，协作开展产业技术创新和科技成果产业化活动，是当今科技创新的新范式。并提到协同创新是一个知识增值的过程，推动着科学研究、技术创新，并最终实现产业化。巨文忠[4]认为区域创新最本质的含义在于一个区域是否形成了一种有利于知识流动和创造的制度体系、与技术进步之

① 万宇艳. 区域创新系统的比较研究［M］. 北京：社会科学文献出版社，2021.

② GLOOR P A. Swarm creativity：competitive advantage through collaborative innovation networks［M］. New York：Oxford University Press，2006.

③ 陈劲，阳银娟. 协同创新的理论基础与内涵［J］. 科学学研究，2012，30（2）：161-164.

④ 巨文忠. 区域兴衰与区域创新［C］//第四届中国软科学学术年会论文集，2003：295-302.

间的良性互动关系。

刘丹等[①]认为，协同创新中起到主导作用的往往是各国的政府。尽管政府本身并不直接参与协同创新，然而在协同创新环境的构建上却有着其他创新主体无法比拟的作用，主要体现在以下 3 个方面。首先，政府可以通过经济政策、技术政策等相关政策的制定及基础设施的建造来有效地规范和支撑协同创新环境。其次，政府可以通过对国有创新资源在协同创新活动中的配置，来引导和促进协同创新的发展，并通过与各个创新主体共同承担创新风险来推动协同创新活动展开。最后，政府可以通过制定相关的政府采购政策来为协同创新的发展创建稳定的需求保障环境，有效地拉动协同创新活动展开。

陈晓红等[②]认为创新协同体系不仅包括主体要素，更重要的是要素之间的协同互动关系，并构建了基于"四主体动态模型"的中小企业协同创新体系，通过"供求关系"分析，将企业、高校及科研机构、政府、社会服务体系纳入到一个创新体系中进行研究，构造了各行为主体的协同关系网络，主要包括 4 种形式的协同创新，中小企业之间的协同创新、中小企业与高校及科研机构之间的协同创新、中小企业与政府之间的协同创新、中小企业与服务体系之间的协同创新。

2.4.6　区域协同创新

市场竞争日益加剧，技术创新的日渐复杂，使单个创新主体已经很难独自完成创新的整个过程，内外部环境的变化客观上要求创新主体不断提高规避风险的能力和增强创新能力，充分利用稀缺的创新资源，提升创新效率，走协同创新的道路。协同创新的主体是相互依赖又相互竞争的经济实体。之所以协同，是因为协同创新的效能远远高于单个创新，或者是某项任务的复杂程度只能通过协同运作才能完成。基于竞争合作的协同创新活动中，各方由于利益、动机、时间、资源、能力和效率各有不同，难免

① 刘丹，闫长乐. 协同创新网络结构与机理研究 [J]. 管理世界，2013（12）：1-4.
② 陈晓红，解海涛. 基于"四主体动态模型"的中小企业协同创新体系研究 [J]. 科学学与科学技术管理，2006（8）：37-43.

产生冲突和矛盾。为了减少冲突、消除矛盾、简化程序、降低成本，协同创新各方的关系协调、行为配合、资源互动和信息反馈的整体运行机制必须建立起来。依靠系统内部的制约机制和运作系统，使利益主体各方最终目标一致地开展工作，从而将分散的创新能力通过区域内部运作机制转化为一种自组织能力，实现系统在时空和功能上有序地协同创新。

区域协同创新的含义既包括产学研不同主体的协同，也包括跨区域的合作研发，具体是指创新要素的区际流动过程，克服错配、实现匹配，更好地发挥外溢与成果转化作用，实现创新水平的提高、带来经济效应，协同的目的、意义和本质在于通过创新系统的联合创新活动、激发、发挥人力资本实现转换落地，强调创新主体之间形成的复杂联系网络。协同创新是区域整合创新资源、提升创新效率的途径。

基于以上分析，本书的研究认为区域协同创新是指区域内多元创新主体（包括企业、政府部门、大学、研究机构、中介组织等）以合作各方的共同利益为基础、以区域经济协同发展为目标，以跨省级合作为主，以资源共享、优势互补为前提，通过自组织有机地结合在一起，相互配合、分工、协作、联动，经过一系列正式或非正式的制度、契约、机制安排，实现多方创新要素有机整合的网络化模式，在知识供给、产品研发、产业发展等方面，产生单一要素主体所无法实现的整体协同效应的过程，最终实现区域内的创新机构、产业联动布局，人才、资源自由流动，区域效益优化、区际差距缩小。

第三章 构建区域创新优势——
一个知识管理战略的视角

基于差异化知识基础的知识管理战略是构建区域优势方法的关键理论要素。因为创新不但是基于对分析型（基于科学的）知识的探索和开发，还基于综合型（基于工程的）知识和符号型（基于艺术）知识，这2类知识能促进非研发驱动型和非科学型创新活动。本章以知识管理战略为出发点，研究如何构建区域创新优势，并细分为不同的区域创新类型，为更有针对性的区域创新政策制定奠定了基础。

3.1 基于知识管理战略构建区域创新优势的研究意义

新兴工业化国家（如韩国、新加坡）和快速崛起国家（如中国、印度），使得全球竞争加剧。现有研究大多聚焦于北欧和西欧等具有协调性市场经济的国家或英美这些典型的自由市场经济体的国家，关于亚洲及发展中国家的本土化适用性问题的研究不多。

基于知识管理战略的视角研究区域协同创新的动力，意义如下：

一是以内循环为主体的双循环新发展格局构建，更加强调经济社会发展的内生动力。知识的创新、学习交流、应用，是创新的重要途径，像我国这样的大国，区域发展差异巨大，差异化的知识库视角，区域创新体系方法为从根本上解决区域发展不平衡问题提供了可能。

二是提高区域创新体系方法的普适性。关于区域创新体系的研究大量借鉴了（主要是欧洲）市场经济国家境内的区域经济的经验。本章试图将区域创新体系方法在概念上进一步细化，努力将这一概念应用的区域范围扩大，同时体现东欧国家和地区、发展中国家和跨界地区的区域创新体系的具体特征。

三是构建更为广泛型的创新模式。以更加科学的视角研究区域创新体系，差异化知识库方法将创新视为发生在多个行为主体和组织（创业者、公司、大学、公共机构、政府和民间团体）之间交互学习过程的成果，试图跳出原有狭隘的，以分析型科学知识为基础的供给侧线性创新模式，提供了广泛型创新政策的理论基础。

3.2 知识管理的相关概念

（一）知识的主要特征

创新需要丰富的知识来支持。知识是一个非常广泛、复杂、抽象甚至模糊的概念，一般从知识的形态、组成元素、主要作用和存储主体等角度来定义，主要具有以下特征（表 3-1）。

表 3-1 知识的主要特征

知识的特征	说明
知识是隐性的	知识存储在每个人的思维之中，大都是隐性的，很难定义，也很难模仿
知识是行动导向	知识能直接指导人类的行动，具有指导行动能力的知识才有价值
知识是动态的	知识随着每个人思维模式的不同而不断地学习，并加以修正
知识是主观独特的	同样的现象，每个人的了解和解释都不会完全一样
知识可以复制和再利用	通过适当的程序，好的知识可以复制转移到其他场所再利用
知识不会磨损	知识运用及分享的人再多，其价值也不会因此而磨损
知识就是力量	有了知识和能力，就具有主导资源、影响他人的能力

续表

知识的特征	说明
知识是不完全竞争的	由于知识的质量具有差异性，所以不同于产品无差异性的完全竞争市场
知识具有无限延展性	知识通过不断学习、交流及综合效益而产生，可以被无限延展，潜力无穷

（二）知识的横向分类

知识虽然有其相通性，但是，由于许多知识呈现的方式、存储的地点、抽象程度及利用目的不同，会呈现不同的形态，本部分详细阐述基于可呈现程度的知识的分类结构（表3-2）。

表3-2　知识的分类结构

分类准则	知识的类别
抽象程度	理论知识和实践知识
可呈现程度	隐性知识和显性知识
存储单位	个人知识和系统知识
现象的了解和利用的目的	描述性知识、程序性知识、因果性知识、情境性知识和关系性知识

隐性知识是指高度个性化，难以正式化，只可意会不可言传，而且深植在个人的经验、判断、联想、创意和潜意识的知识。一般又可以细分为认知性隐性知识和技巧性隐性知识。前者是指存储在人类的思维之中，难以外化为表达的一些抽象观念、判断和直觉，由于这种知识太过于丰富、精密、复杂且无法结构化，常需要依赖直觉和联想，而很难付诸文字表达，主要由分析中学习获得。后者是指需要通过身体力行，不断地通过练习与训练才能获得的技能。显性知识是指可以利用文字、数字、图形或其他象征物清楚表达的知识，是可定义、可获取、易传播的知识，主要通过

"干中学"和培训，并借由自己实际经历才能体会到，二者区别如表 3-3
所示。

表 3-3　隐性与显性知识的主要区别

特征	隐性	显性
本质	直觉、想象力、创意或者技巧，无法清楚说明，主观性强	可编码呈现，可清晰说明，较客观
正式化程度	不容易文件化、记录传递和说明	能通过编码利用正式的文字、图像等有系统地传播
形成过程	由实践经验、身体力行及不断试验中学习和积累	对于信息的研读、了解、推理和分析
存储地点	人类的思维	文件、资料库、图表和网页等
媒介需求	需要丰富的沟通媒介，如面对面沟通或通过视频会议传递	可以利用电子文件传递，如E-mail，不需要太丰富、复杂的人际互动
重要运用	对于突发性、新问题的预测、解决并创新	可以有效地完成结构化的工作

（三）知识的纵向阶层关系

数据、信息、知识和智慧四者之间有着密切的相关性。其中，数据是指对客观事实或人、事、时、地、物的记录，本身对指导行动没有意义；信息是指经过处理的数据；知识是指通过使用者的思维活动，如诠释、思考及归纳等处理过程，所产生的一种能够直接采取行动的能力，而智慧则包含对自然与人文的感知、记忆、理解、分析、判断、升华等所有能力。

（四）知识管理的过程

当系统受到外部新的刺激时，会对存在的问题加以解读和诠释，依据整体目标来定义所需要的新知识并据此创造新知识，进而有效支持决策，并指导具体行动。当行动后，又会产生新的现象和不确定性等新的外部刺激，从而开始另一个循环，这就是知识管理的过程。

3.3 两种重要的知识管理战略

OECD 提出交流编码化知识和隐含经验类知识 2 种知识分类方法，认为创新活动是由这 2 种知识相互作用而推动的。差异化知识基础概念是构建区域优势的关键理论要素，但是，创新不但基于对分析型（基于科学的）知识的探索和开发，还基于综合型（基于工程的）和符号型（基于艺术的）知识[①]。科学型知识库高度关注以形式模型和编码为基础的科学知识；工程型知识库主要是指通过对现有知识的应用或巧妙的重组进行创新；符号型知识库涉及意义和愿景的创造，以及产品的美学属性，如设计、图像和符号及其经济用途，具有高度的区域特质，并富有"黏性"。

编码化知识管理战略，是指当系统面对一再重复发生的问题时，会将知识管理的重点放在建立知识库或专家系统上记录、存储过去的经验法则等显性知识，以利于今后方便快速使用。

个性化知识管理战略，是指当系统每次面临创新、非重复性和独特的问题时，着重利用各种方法和工具支持内部组成部分的沟通和互动，实现知识共享并产生综合效应，区别如表 3-4 所示。

表 3-4 编码化知识管理战略和个性化知识管理战略的区别

分类	编码化知识管理战略	个性化知识管理战略
知识管理建设重点	结构化的知识库	人际间的知识分享
主要知识类型	显性知识	隐性知识

---

① ASHEIM B T, BOSCHMA R, COOKE P. Constructing regional advantage: platform policies based on related variety and differentiated knowledge bases [J]. Regional studies, 2011, 45（7）: 893-904.

续表

分类	编码化知识管理战略	个性化知识管理战略
产品类型	提供标准化产品	针对特定问题的解决
解决方案的需求	有清楚的解决方案	无清楚的解决方案
成本战略	丰富的知识存储和共享	专家面对面的沟通
运作模式	依托编码化的知识载体	服务知识的分享并产生综合效应
创新模式	STI 模式	DUI 模式

协同创新的具体结构取决于协同创新中知识的性质，而协同创新成果的大小则取决于企业学习能力。编码化知识的高明晰度和高动态性，决定了它只能为企业带来暂时的竞争优势；而个性化知识的转移包括知识和能力，要求企业员工直接而密切地与合作伙伴企业的员工、设备、系统和文化相接触，从而为企业的管理带来一种新的挑战，从个性化知识向显性知识的转化是个人学习和组织学习联系机制中的重要一环，组织文化和结构在很大程度上决定了组织在相互学习中的接受能力。

由 2 种知识管理战略可以衍生出 2 种创新模式。基于差异化知识库的分类，为提升创新的内生动力，创新分为 2 种模式：科学、技术与创新（STI）模式和实践、应用与互动（DUI）模式。STI 模式是以经过编码的科学技术知识创新和开发为基础，知识创造是通过科学原理和方法的应用，以及正规科学模型的开发和测试来完成的，重视利用全球可用的知识；DUI 模式依托对现有知识的应用或全新组合，技术工人们通过干中学、用中学，通过与公司内外的供应商、客户和竞争者的交互学习推动创新，重视本地"黏性"知识的依赖。

3.4 两种重要的区域创新体系分类方法

（一）根据区域创新体系的主要参与者、创新活动类型、治理模式不同分类

Asheim 等[①] 将区域创新体系分为 3 种（表 3–5）。

一是草根型区域创新体系。在该类区域创新体系中，创新主体主要是企业，由邻近性促进本地化企业间的学习，与产生知识的研发机构和大学等直接互动较少。市场需求是区域创新速度和方向的主要决定因素，促进了区域内企业的适应性组织学习和技术创造，创新活动偏重于应用研究。因此，草根型区域创新体系是自下而上进行的，如意大利艾米利亚—罗马涅等地区的创新体系。

二是区域网络化创新体系。地方政府在该类区域创新体系构建中发挥重要作用，通过加强创新基础设施建设、营造良好创新环境等方式，以更有计划性和网络化的方式促进区域内的公私合作[②]。该类创新体系被认为是理想的区域创新体系类型，其特点是产学研合作紧密，供需融合度较高。该区域创新体系的治理是多层次的，其中政府参与度较高，多出现于德国、澳大利亚和北欧国家，如德国巴登符腾堡州，大多通过政策干预来提升区域创新合作绩效。

三是区域化的国家创新体系（Regionalizednational Innovation System）。与前 2 种类型不同，在区域化的国家创新体系中，邻近性对企业本地化学习过程影响不大，这是因为企业主要受益于国家机构提供的知识及本地大学和研究机构，在功能上，部分产业和组织基础建设与国家创新体系的融合程度更高，创新活动主要受制于国家政策，侧重于基础研究，跨区域主体间合作更加频繁。例如，大型企业或政府研究机构的研发实验室集中在

---

① ASHEIM B T, ISAKSEN A. Regional innovation systems: the integration of local 'sticky' and global 'ubiquitous' knowledge [J]. The journal of technology transfer, 2002, 27（1）: 77–86.

② ASHEIM B T, COENEN L. Knowledge bases and regional innovation systems: comparing nordic clusters [J]. Research policy, 2005, 34（8）: 1173–1190.

有规划的科技园和科学城中，通常位于高校附近，但它们与本地产业的联系十分有限。

表3-5　根据参与者、创新类型、治理模式分类的区域创新体系

区域创新体系类型	主要参与者	创新活动类型	驱动因素	治理模式
草根型区域创新体系	企业	应用性研究	市场	自下而上
区域网络化创新系统	地方政府、企业、高校、科研机构	基础性研究、应用性研究	区域集群	多层次治理
区域化的国家创新系统	国家机构	基础性研究	国家创新体系	自上而下

（二）根据组织密集程度分类

像中国这样内部差异较大的大国，在区域层面实施创新体系政策似乎最为合适。基于我国具有组合密集型的根本特征，为促进创新和区域产业新发展路径，便于制定差异化政策指导，可以区域创新体系分为3类：

一是组织密集型和多元化的区域创新体系，存在数量较多的不同公司、异质的产业结构，促进不同经济和技术领域创新的知识和配套组织，常见于大型核心区域，如京津冀、长三角和粤港澳地区。

二是组织密集型和专业化的区域创新体系，仅在一个或几个行业中拥有庞大的集群，知识和配套组织是为有限的工业基地量身定做的，常见于老工业园区和老工业基地，容易出现负面锁定，如东北地区。

三是组织薄弱的区域创新体系，多见于老少边山穷等边缘地区。3类分法也基本对应着我国区域发展的3个层级。

（三）京津冀区域创新体系的定位

京津冀更类似于区域创新体系是区域化的国家创新体系、组织密集型和多元化的区域创新体系，原因如下：

一是因为部分产业和组织基础设施在功能上与国家创新体系的融合程度更高，创新活动主要发生在与区域外主体之间的合作，因此和行业创新体系相似。这类区域创新体系属于科学供给驱动型模式，其中外部主体和关系发挥着更大的作用。Cooke 将这种类型称为"统制式区域创新体系（Dirigiste RIS）"，它仅把高校、研究机构和企业的研发功能纳入其体系，反映了这是一种更狭义的区域创新体系概念。

二是因为此类区域创新体系中组织的合作更符合线性创新模型的情况，因为这种合作主要涉及在正规分析和科学知识的基础上开发更激进创新的具体项目。在这类体系中，最有可能开展合作的是从事同一种职业或具有相同教育背景的人员（如科学家之间）。这种功能上的相似性，通过"认知社群"促进知识流通和共享，从而可以跨越区域甚至国界。区域化国家创新体系的一个特例，是大型企业和政府研究机构的研发实验室集中在有规划的"科技园"和科技城，通常这些实验室位于高校和技术大学附近，但是它们与本地产业的联系十分有限。

因此，科技园是坐落于本地合作环境薄弱、由众多具备高水平内部资源和能力的公司共同组成的一种有规划的创新环境的示范。这些科技园大都没能在其内部开发出企业间合作和交互学习的创新网络。法国、日本和中国台湾等国家和地区开发的科技城，也呈现出区域内企业创新互动有限，与非本地的外部企业垂直分包关系的特征。在极少数本地创新网络的案例中，通常是由国家层面的公共部门精心策划和介入的结果。这些特征意味着本地和区域融合度不足，让我们对科技园和科技城在本地产业（特别是中小企业）中更广泛地促进创新性和竞争力的能力产生了质疑，而这正是内生性区域发展的前提。

3.5　六种不同区域创新类型

各类区域创新体系采用不同的创新模式，会产生不同的发展路径，具体可以分为以下 6 种。

（一）组织密集型和多元化区域创新体系及 STI 模式：核心区域的科研驱动型源发科技创新中心

该类型表现为"科技—产业—科技"的循环，丰富的科教资源是发展的前提，由科教资源外溢推动新兴技术和新兴产业发展，科学发现、技术发明是其主要驱动力，通过网络化知识链接的科学研究体系，不断向技术创新和产业创新体系融合。在全球创新网络形态上，表现为以科学知识为核心的科学研究体系较早融入全球创新网络，而技术创新和产业创新体系发展相对滞后。原发型科技创新中心多发生于科教资源密集地区，大学和科研院所的知识供给和技术供给，以及政府的政策指引，开展相关科技成果的转化，推动新产业的产生和发展。整体看，这类科技创新中心的科学研究体系领先于产业创新体系（图 3-1）。国际上，典型的如美国硅谷为中心的旧金山湾区[①]，日本东京以知识集聚形成的创新环境，体现为"科技资源＋政策支持"的特点，我国典型的地区是京津冀地区。

（二）组织密集型和多元化区域创新体系及 DUI 模式：核心区域的产业驱动型植入科技创新中心

该类型表现为"产业—科技—产业"的循环，较强实力的经济中心是其发展的基础，通过创新资源引进或集聚而发展起来。初期主要由不同创业型、科技型企业形成产业集聚，产业向更高层转型过程中倒逼科技创新的发展。在全球价值网络形态上，表现为先成为全球生产网络的节点，然后拓展为技术研发网络和全球知识网络节点。后发型科技创新中心，一般基于较好产业创新生态，形成"生产—开发—研究"的产业发展倒逼科技创新的演化特征。后发型科技创新中心多产生于产业快速发展、经济活跃的地区，较好的市场环境和创新生态，吸引外部创新资源激发科技创新的需求。整体看，这类科技创新中心的产业创新体系要比科学研究体系更加活跃（图 3-1）。典型如美国的洛杉矶、波士顿、中国台湾的新竹，

[①] 陈强，王浩，敦帅.全球科技创新中心：演化路径、典型模式与经验启示［J］.经济体制改革，2020（3）：152-159.

原有产业基础、工业园区为其向创新链前移，凝练技术需求、科学问题提供基础，我国典型的地区是粤港澳大湾区。

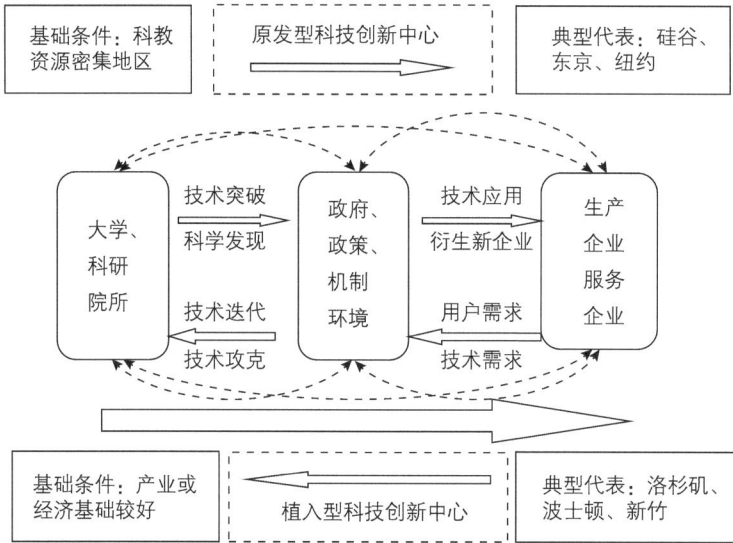

图3-1　2种不同类型科技创新中心形成逻辑

（三）组织密集型和专业化区域创新体系及 STI 模式：大学城内的高科技行业

该地区一般具有几所国内乃至世界领先的大学，拥有强大的科研能力，但是，通常这些大学只聚集于几个科学领域，仅从研究机构获取的知识范围太过局限，和位于多元化大都市区的高科技产业相比，这些地区的高科技产业的兴起和发展更多地依赖区域外知识的流入，如西安、成渝等地。

（四）组织密集型和专业化区域创新体系及 DUI 模式：老工业区中的传统制造业

老工业区通常被描述为工业持续和渐进创新中心，一般是煤炭、钢铁、化工、纺织和造船等传统行业的发源地，其中的一项或者几项产业活动专业且强大。由于其本地工业组织具有强烈外部嵌入本地化的组织成长特征^①，在我国表现国家的经济布局，如早期的三线建设，许多老工业区遭受了负面锁定，一度繁荣的传统产业面临衰败和消失的危机，这些地区可以引入新的科技知识促进旧部门的产业更新和机构调整，如东北地区。

（五）组织薄弱型区域创新体系及 STI 模式：边缘区域的全球关联式高科技行业

边缘区域在科技产业创新培育和新路径开发方面基础比较薄弱，高科技产业、一流大学和密集型的创新体系结构是缺位的。通常，这些地区只有少数的国家直接布局的高校或者研发组织，而且几乎没有形成任何产业集群，这就导致本地知识间互动较少。在这种情况下，诸如外来的创新企业和其他形式的外部知识流入等对边缘地区的创新和新兴发展路径的出现起到了关键性作用，如贵州的大数据中心。

（六）组织薄弱型区域创新体系及 DUI 模式：边缘区域的资源型行业

这类区域虽然缺乏科学研究机构和创新性产业，但是一般都具有非常优越的自然资源条件。位于组织薄弱型区域的企业必须基于自身的资源优势，利用非本地知识来弥补本地知识的不足，如我国新疆、西藏等边缘地区。

3.6　区域协同创新的动力

在区域创新网络形成的初始阶段，协同创新的联系主体不断吸纳新成员，网络结构并不稳固，此时主体之间的创新联系对区域（小至城市、大到城市群）创新能力提升的作用程度显著，当协同创新网络中引入新的创新主体时，网络中新知识随即流动扩散，对创新绩效的拉动程度和速度提升，体现在对创新绩效的增长率的促进上，也即创新"量"的增长；在网络形成的成熟阶段，新的创新主体引入、新的信息的注入可能打破创新稳

---

① 李清均. 新时代东北振兴战略：本质、机理与路径［J］. 哈尔滨工业大学学报（社会科学版），2020，22（3）：143–151.

态，从而形成"创造性破坏"，产业发展由路径依赖转向路径创造，也即创新"质"的提升。

（一）内部动力——成本驱动效益

Cooke 等[①]认为区域经济活动的空间集聚会降低创新成本，从而刺激经济增长。从不同的合作主体来看，协同创新过程是一个资源互补的过程，各个主体根据自身优势不同而进行合作，获取所需的外部资源，降低彼此之间的资源势差。高校、科研机构拥有较多的科研资源，其优势在于知识要素，劣势在于市场化程度不足，通过合作关系的建立，人才、知识资源可从大学、科研机构流向企业；同时，来自科研机构的技术人才，可以通过合作关系进驻企业，协助企业进行技术研发活动。企业在协同创新中的优势资源在于技术研发和团队管理，劣势在于基础创新能力。中介机构的优势在于网络中信息的占有量，因此通过技术信息保有和链接创新主体来参与到协同创新，其劣势在于自主创新难度大。现存的企业与其他主体的技术势差，政府机构与其他主体的制度势差、高校与其他主体的知识势差，以及中介机构与其他主体的信息势差及对于稀缺创新资源的需求，成为创新主体进行协同创新的内部动力。企业是技术创新的主力军，学研机构是知识、技术等资源的供给者，产学研三方在共同战略发展需求的基础上，进行技术创新，进而完成科技成果商业转化的一致性战略目标。

（二）外部动力——市场需求、创新压力、政府调控和知识溢出

协同创新的外部驱动力包括来自技术市场的需求推动引导、来自流行性创新压力的刺激、来自政府经济发展相关政策的调控，以及基于主体间信任和沟通而产生的知识溢出等 4 个方面，对创新主体的协同创新活动产生推动作用。

一是技术市场的需求推动引导。技术市场竞争环境日益加剧，不断产生技术变革的需求要求创新主体能够迅速识别市场动向并作出反应来适应

---

① COOKE P，MORGAN K. The associational economy：firm，regions，and innovation
［M］. New York：Oxford University Press，1998：51–62.

此种变化，否则终将会被淘汰。开放的环境因素使得信息迅速传播，市场对于技术创新的需求持续更新，在此市场环境下，不同地区需求和资源不相适应的矛盾暴露，推动着创新主体通过合作实现资源交流，提升自身创新能力。

二是流行性创新压力的刺激。创新压力是市场机制激发协同创新行为的重要动力因素。处于创新网络环境下的创新主体，在其他成员的创新激发下，自发进行创新活动，以保持自身的竞争优势稳定，协同创新网络为各个主体进行创新活动提供了良好的交流平台。

三是政府经济发展相关政策的调控。政府政策营造了协同创新发展的机制环境，有利于推动企业的协同创新活动，营造宏观环境[1]。政府是协同创新的引导者，政府推动协同创新活动，体现在协同行为的动力引导方面。在区域发展政策的引导下，区域之间的联系逐渐密集化、多元化，且呈网络化的发展趋势。根据王帮俊等[2]的研究，中央各直属部门先后发布创新相关的法律、规划方案、意见、办法、通知等合计约208条，此外还有860条政策文本。创新政策包括产业综合类政策、基础类政策、技术创新政策、科技成果转化政策和市场推广政策，不同层级政府创新政策之间形成"上下联动"，推动创新主体的价值创造和创新发展[3]。

四是基于主体间信任和沟通而产生的知识溢出。近年来，以技术引进、模仿、集成为主的外源性创新和以本地力量、独立研发为主的内生性创新在区域经济发展中的作用被国内外学界重新审视。一些学者强调全球资源对推动区域发展的作用，认为要避免长期的区域锁定，吸收外部创新资源是最关键的。在经济全球化的大趋势下，落后国家模仿成本远低于自主研发成本。然而，另一些学者认为在全球创新网络中只有少数地区能够

① THORGREN S，WINCENT J，OERTQVIST D. Designing interorganizational networks for innovation：an empirical examination of network configuration，formation and governance [J]．Journal of engineering & technology management，2009，26（3）：148-166.

② 王帮俊，朱荣．产学研协同创新政策效力与政策效果评估：基于中国 2006～2016 年政策文本的量化分析 [J]．软科学，2019，33（3）：30-35，44.

③ 田志龙，陈丽玲，顾佳林．我国政府创新政策的内涵与作用机制：基于政策文本的内容分析 [J]．中国软科学，2019（2）：11-22.

成为知识枢纽，大部分地区仍然是边缘地区，全球创新网络只是区域创新体系的补充，发展内生的区域创新体系才是转变经济发展模式的关键，并应该将理论和政策重点集中在动员区域内部资源和培育内生创新能力上。在我国经济发展的不同阶段，所依靠的重点也不一样。在由跟跑逐渐转向并跑、领跑的过程中，可学习可复制的变少了，现阶段必须更多地将资源转向发展内生动力上。

综上，任何经济活动都产生于一定的区域并受地理规律的制约，如果忽视了区域的地方性因素，科技创新对区域经济发展的引导就会有偏差。创新资源需要与本地资源禀赋特点相适应，并嵌入当地社会经济环境、制度框架等，才能提高创新效率。因此，依靠科技创新推动区域经济发展模式转型，应该考虑经济发展阶段、发展结构、发展环境及制度环境等特殊环境条件的影响。

3.7　关于区域创新体系的未来研究探索

区域系统应是一个开放的、全国和全球互联的系统，数字经济不断突破区域边界，针对新的，如社会型创新、用户驱动型创新、服务型创新等类型，以及基于互联网的协作、开源式创新、共享性实践、实地实验室（Living Lab）和相关模式，区域创新体系应力求尽量涵盖。今后，区域创新体系方法的强有力分析框架和创新政策制定的框架，应力求解决跨空间的创新活动和经济发展不均衡问题，为实现智慧、包容与可持续经济社会发展提供决策指导。

一是更多借鉴欧洲先进国家的经验。借鉴欧洲国家，如芬兰、瑞典、挪威等市场协调性国家经验，并基于与中国具体国情，将相关理论逐渐引入我国，使研究具有国际视野的同时，为该理论的本土化奠定基础。

二是采用差异化知识库视角的创新体系方法。知识库越广泛和多元化，创新的应用范围就越广。将区域创新体系视为一种方法，将创新置于经济增长的中心，把创新引入多行为主体和组织之间的交互学习过程中，突破以往"从基础研究经应用研究，再到产品和新工艺"的单向创新线性模型，实现对新的和现有知识、技能和资源的重新组合，克服比较优势理论中局限于狭隘市场，而忽视了技术变革和创新以及竞争力优势的作用。

第四章　京津冀协同创新与协同发展

本章探究了区域协同创新与协同发展的辩证关系，发现协同创新是新时代协同发展的重要手段，而协同发展是协同创新的重要目标，二者以实现区域高质量发展为最终目标。

4.1　协同创新与协同发展的辩证关系

（一）区域协同创新是区域协同发展的新时代要求

张贵等[1]认为区域协同创新是区域协同发展的内在动力，文余源等[2]构建高质量发展评价指标体系并对京津冀 13 个市 2014—2020 年高质量发展水平及分项发展水平进行评估，研究发现京津冀内部发展差距仍然较大，尤其是创新和开放方面，协同发展需加大力度向更深层次推进，京津冀协同创新也是新时代亟须加强的。2016 年 5 月，《国家创新驱动发展战略纲要》的颁布，是对我国今后一个时期实施创新驱动战略进行系统谋划和全面部署，与此同时，京津冀协同创新也成为京津冀协同发展的重要一环，是对区域协同发展的新时代要求。

---

①　张贵，温科.协同创新、区域一体化与创新绩效：对中国三大区域数据的比较研究［J］.科技进步与对策，2017，34（5）：35-44.
②　文余源，杨钰倩.高质量发展背景下京津冀协同发展评估与空间格局重塑［J］.经济与管理，2022，36（2）：8-18.

（二）区域协同发展是京津冀协同创新的具体方向

区域协同创新与区域协同发展是手段与目的的关系，二者相互作用，从打破原有格局入手，以新系统代替旧系统，从而推动整个经济社会实现螺旋式上升，由低级阶段向高级阶段不断演进。区域协调创新是区域协同发展的动力和手段，通过促进微观层面的要素流动和新组合（如人口、资源、技术、信息、资本等）、中观层面的结构优化（如交通、产业、城镇、生态、公共服务等布局）、宏观层面的制度创新（如体制、机制、政策等），推动整个区域由无序向有序协同状态演进，区域协调发展是区域协同创新运行发展的过程和结果。

（三）最终目标是实现高质量协同发展

通过区分无序和有序两种状态，来说明经济社会螺旋式发展进步的一般方式。区域协同创新是先破后立、从有序到无序的过程，即针对各子系统制约发展的"短板"进行破坏式创新，通过打破系统已有格局，对系统进行重组，最大限度地释放发展潜能。而区域协同发展则按照区域协同发展的目标，通过各子系统不断调整，在创新过程中逐步趋于一体化，形成整个区域经济社会系统逐步形成互利共赢、和谐共生的发展格局，即高质量协同发展（图4–1）。

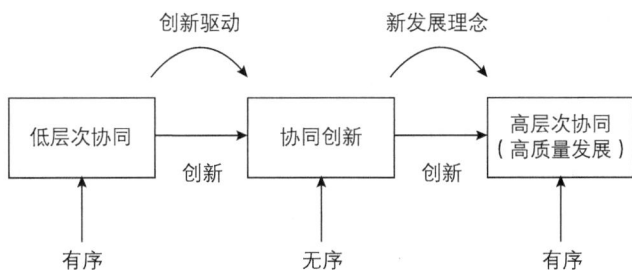

图4–1　协同创新、协同发展推动高质量发展逻辑图

4.2 京津冀协同创新的发展阶段

京津冀三地从"一体化"到"三分区域"，中间又经历了北京扩大行政区域面积、河北变更省会、天津划为直辖市等重大行政区划调整。其间，三地协同发展的情况也时有发生，但真正意义上的协同是从改革开放以后。结合城市群不同发展阶段的指导理论，基于魏丽华[①]对新中国成立以来京津冀协同发展历史脉络的梳理和阶段性特征的总结，在参照崔丹等[②]、孙久文[③]及苏黎馨等[④]有关京津冀协同发展历程研究的基础上，本节总结了京津冀协同发展演进历程的 4 个阶段（表 4-1）。其嬗变过程不仅取决于当时的经济社会发展水平，同时依赖于区域经济理论等相关研究所提供合理解释和有效支撑。

表 4-1 京津冀协同发展 4 个阶段

阶段	时间	发展特点	理论背景	特征
萌芽阶段	1981—2004	以点代面	—	环渤海地区 15 城市成立市长联席会
主动合作	2004—2013	以点代面	非均衡发展理论	由"廊坊共识"到区域发展规划
初步协同	2013—2017	点辐射面	均衡发展理论	三地政府参与制定京津冀合作规划
协同创新	2017—现在	点辐射面	创新驱动发展理念	国家层面提出创新驱动发展战略

---

① 魏丽华. 建国以来京津冀协同发展的历史脉络与阶段性特征［J］. 深圳大学学报（人文社会科学版），2016，33（6）：143-150.

② 崔丹，吴昊，吴殿廷. 京津冀协同治理的回顾与前瞻［J］. 地理科学进展，2019，38（1）：1-14.

③ 孙久文. 京津冀协同发展 70 年的回顾与展望［J］. 区域经济评论，2019（4）：25-31.

④ 苏黎馨，冯长春. 京津冀区域协同治理与国外大都市区比较研究［J］. 地理科学进展，2019，38（1）：15-25.

（一）萌芽阶段（1981—2004年）

1981年，在呼和浩特召开了华北地区经济技术合作会议，成立了华北经济技术协作区，这是最早的区域经济合作组织。协作区由北京、天津、河北、山西和内蒙古五省（自治区、直辖市）组成，这是第一个包含京津冀的区域合作组织。协作区通过签订经济技术协作协议、组建企业联合体、融通资金等方式，给当时社会经济生活带来了生机和活力[①]。真正聚集京津冀三地的合作是从1986年开始的。当时，由天津市首倡环渤海区域合作问题，成立环渤海地区市长联席会，京津冀区域合作正式开始。此时，我国正处于改革开放发展的加速时期，三地更多处于单打独斗、盲目竞争的状态，没有形成较为明显的增长极，缺乏明确的理论指导。在发展方式上，较多地停留在"京津冀学术研讨""京津冀协同发展论坛"等理论探索阶段，关注焦点在京津冀协同发展历程、发展模式和体制机制、协同发展的重点领域等方面，没有外化为政府公认的"发展规划"或者"协同发展纲要"文件。

此阶段，京津冀协同发展的推动力主要来自学术界，北京、天津和河北三者之间的关系比较微妙，河北一直积极和努力推进合作，而北京、天津则动力不足，故称此阶段为萌芽阶段。

（二）主动合作阶段（2004—2013年）

2004年2月，首次在国家发改委的推动下，三地签署了一些合作框架协议，提出了在公共基础设施、资源和生态环境保护、产业和公共服务等方面加速一体化的进程。虽然由于种种原因，最后的规划并没有出台，但是，三地政府已明显意识到协同发展的优势大于各自发展，并逐渐参与其中，由务虚向务实转变。2006年10月，京冀正式签署《北京市人民政府河北省人民政府关于加强经济和社会发展合作备忘录》，双方在交通基础设施、水资源和生态环境保护、能源开发、旅游、农业等9个方面展开

[①] 高连庆.华北地区经济技术协作促进了经济发展［J］.计划工作动态，1987（10）：20–21.

合作。2008 年 11 月，津冀签署了《天津市人民政府河北省人民政府关于加强经济与社会发展合作备忘录》，共同推进天津滨海新区、曹妃甸新区和沧州渤海新区的开发建设。2011 年京津冀一体化发展、首都经济圈等纳入国家"十二五"规划，"京津冀"一体化正式在国家层面得到强有力的推动。

此阶段，以非均衡发展理论为主，从生产力发展逻辑上讲，三地经济基础相对薄弱，再加上政府企业间沟通不够顺畅，优先北京一个增长极崛起，形成动力极，再逐步辐射周边区域经济发展。从发展动力上讲，初期形成单极发展，经济聚集力大于分散力，形成规模经济效应，伴随着奥运经济，首都北京迅速崛起。

（三）初步协同阶段（2013—2017 年）

2013 年 5 月，习近平总书记在天津调研时指出要谱写新时期社会主义现代化的京津"双城记"。2013 年 8 月，习近平总书记在北戴河主持研究河北发展问题时，提出要推动京津冀协同发展。2014 年 2 月，习近平总书记主持召开专题座谈会，阐述推进京津冀协调发展的重大意义，指出京津冀要"抱团"协同发展，这标志着京津冀协同发展正式上升为国家战略。2015 年，《京津冀协同发展规划纲要》通过执行。《京津冀协同发展交通一体化规划》《京津冀协同发展生态环境保护规划》《京津冀协同发展土地利用总体规划（2015 ~ 2020 年）》《京津冀产业转移指南》等相继出台，京津冀区域发展已不再是简单的合作，而是处于全方位的协同阶段，京津冀区域的发展已从要素和市场的一体化转化为资本市场的一体化，从交通一体化转化为区域政策一体化的阶段，京津冀协同发展大格局已经初步形成。并且，京津冀区域发展已不再是地方之间的合作，而是从国家层面布局京津冀区域发展，区域协同发展机制逐渐建立，进入初步协同阶段。

在此阶段，以区域经济均衡发展理论指导为主。三地间配合良好，首都北京开始发挥辐射带动作用，政府主导和市场调节形成同一方向力的合成效应，矢量和为二者相加，一体化程度在加快形成。

（四）协同创新发展阶段（2017—现在）

自 2016 年 5 月，《国家创新驱动发展战略纲要》的颁布，2017 年 10 月，党的十九大报告明确作出"我国经济已由高速增长阶段转向高质量发展阶段"的科学判断，推进京津冀协同创新是实现京津冀高质量协同发展目标的重要手段。通过严格控制增量和有序疏解存量并行，北京非首都功能疏解取得有效进展，"大城市"明显缓解。2018 年年末，北京市常住人口比上年下降 16.5 万人，增量和增速连续两年实现负增长，并且实现了 2020 年的人口调控目标，"大城市病"得到有效缓解，标志着北京非首都功能疏解取得阶段性成功。京津冀三地深入贯彻协同发展战略取得显著进展，围绕北京科创中心建设，部署了建设京津冀协同创新共同体 16 项任务和 2 个项目，在弥补河北科技创新短板上取得明显成效，2018 年吸纳京津技术合同成交额达 203.9 亿元。京津冀区域一体化进程进入快车道，为区域高质量发展奠定了坚实基础[①]。

另外，国家又成立雄安新区、北京城市副中心，在交通、生态环保和产业 3 个重点领域实现率先突破，北京大兴国家机场的投入使用标志着正在打造临空经济示范区，以北京冬奥会举办为契机，推动北京北部延庆—张家港一带联动发展。

4.3 国际比较与启示

4.3.1 世界著名都市圈比较

目前，世界范围内公认的四大首都都市圈为：巴黎都市圈、伦敦都市圈、东京都市圈和首尔都市圈（表 4-2），但是这些城市向超大城市演进的过程中都经历了人口和产业集聚—疏解—集聚的过程。

---

① 邢华. 推动京津冀优势互补高质量发展［J］. 前线，2020（3）：61-64.

表4-2 四大国际都市圈概况

项目	都市圈			
	伦敦都市圈	巴黎都市圈	首尔都市圈	东京都市圈
组成范围	由伦敦城和其他32个行政区组成,即大伦敦地区,具体分为内伦敦和外伦敦2个圈层	位于法国北部,由巴黎市和其他7省组成,是法国22个行政大区之一,具体分为巴黎市区、内环和外环3个圈层	包括中心城市首尔特别市、仁川直辖市、京畿道行政区及其下属的64个次级地方行政区	以东京为中心,半径约100千米的范围,包括:东京都、神奈川县等一都七县。具体分为内层、中间层和外层3个圈层
优势	良好的工业基础和政府的法律支持	发达的高速铁路网	良好的城市规划	公共轨道交通先行
面积	1579平方千米	2072平方千米	11 818平方千米	36 884平方千米
所属区域	欧洲	欧洲	亚洲	亚洲
人口	总人口约840万(2013年),人口密度约为5320人/平方千米	总人口约1197万(2013年),人口密度约为5781人/平方千米	总人口约2470万(2012年),人口密度约为2091人/平方千米	总人口约4348万(2012年),人口密度约为1179人/平方千米
生产总值	2011年为2829.71亿英镑,占英国总产出的22%	2012年地区生产总值达到6123.23亿欧元,占法国总产出的31%	2011年地区生产总值为585.9万亿韩元,占韩国总产出的47%	2009年地区生产总值为201万亿日元,占日本生产总值的37.5%

资料来源：英国国家统计局，http：//www.ons.gov.uk；法国国家统计局，http：//www.insee.fr；韩国国家统计局，http：//kostat.go.kr；日本总务省统计局，http：//www.stst.go.jp。

　　与国内外其他著名都市圈相比，北京首都经济圈整体核心发展区面积较小，对周边带动力不强，各种资源过于集中。虽然《北京市主体功能区规划》对功能发展新区的发展定位较为完善，但是相应的支持政策措施没有很好跟进，使得功能发展新区缺乏支持其功能发展的优势产业，与功能核心区相比，对人口流入缺乏吸引力。功能核心区的商业和金融优势明显，而功能发展新区一方面由于无优势产业支撑，另一方面城市生活配套缺乏，其结果是功能发展新区与功能核心区连成一片，成了容纳外部人口向功能核心区聚集的"卧城"，进一步加重了对于功能核心区的依赖程度，导致发展不均衡。

4.3.2　国际成熟区域创新网络构建情况

（一）美国的"区域创新中心计划"

2021 年 6 月 8 日，美国国会参议院通过《美国创新与竞争法案》，该法案囊括了外交事务委员会的《2021 年战略竞争法案》、商务委员会的《无尽前沿法案》等。其中，《无尽前沿法案》的一个重要立法目标是：要进一步加强区域创新战略的研究制定和实施，强化联邦、州、地方各级政府合力，推动政府、学术界、私营部门、经济发展组织和劳工组织的战略合作，建立若干区域技术中心，支撑解决美国区域发展和国家安全面临的重大技术挑战，塑造美国参与全球创新竞争的新优势。

（二）英国"纽卡斯尔科学城"创新计划

20 世纪 80 年代，英国就开始通过与大学和研究机构合作，建设科学园区以实现经济发展。2000 年后，英国为了实现欧盟所设定的研发投入占 GDP 3% 的发展目标，必须进一步加大研发投资。而英国东南部"伦敦—剑桥—牛津"地区已承载过多的研发投入，如果进一步向该区域集中投资，将不利于相对落后地区的发展。因此，英国政府决定培育新的研发投资地点。作为英国政府 1 亿英镑技术投资项目的一部分，北部区域发展署（RDA）提出在英国北部建设"纽卡斯尔科学城"的构想，目的是通过加强产业和科学基地之间的联系，将英国北部发展成为世界上最适合科学发展的地区。

（三）日本"区域创新战略支持计划"

日本政府为增强区域经济发展的竞争力，从 20 世纪 70 年代起，先后实施了一系列区域科技振兴政策措施。从 2010 年开始在全国范围内筛选

"区域创新战略推进区域"，在此基础上再选出未来可以对区域创新有较大贡献的地区实现"区域创新战略支持计划"（以下简称"支持计划"），支持区域开展自主自立活动，通过改善区域创新环境支持创新优先区域，培育具有持续竞争力的特色产业集群。

（四）德国推动东部地区创新发展的经验

德国非常重视落后地区的发展，特别是东部地区（原东德地区）。支持促进东部地区开展科研和科技创新活动，加强其科研和科技创新能力，是振兴东部经济发展的一项重要措施。1998 年 3 月，德国政府经济部提出了支持促进东部地区中小企业开展科研和科技创新的整套办法，把它作为推动东部经济发展，缩小德国东西部差距的重大举措。

4.3.3 两个世界级创新圈对京津冀地区的启示

（一）硅谷创新圈

硅谷创新圈位于美国加利福尼亚州北部，先后诞生了惠普、苹果、谷歌等全球著名企业，是最为著名的高技术产业区，其良好的创新生态系统呈现良性的自我循环，使得硅谷创新圈长期保持较高的创新产出。

一是产学研密切结合。斯坦福大学工业园是硅谷的发源地，为工业园提供了人才、技术和土地，甚至是风险投资，实现了大学与高科技企业在双向互动中的双赢。硅谷聚集了一批政府所属的国家研究中心，包括劳伦斯伯克利国家实验室、斯坦福直线加速器中心等，这些研发中心独立运作，享有高度自主权，市场化程度高，与企业形成了开放、成熟、稳定的协作模式，实现了资源的充分对接共享，产学研转化效率较高。

二是政府积极创造良好制度环境。美国政府致力于构建支持创业者创业的政策环境，保护不同类型企业权益，提供创业企业所需的资金保障等，为创新型企业的成长提供了稳定的外部保障。政府搭建了以《小企业法》《中小企业技术创新法案》等为核心的法律框架，设立美国小企业管理局，并积极给予中小企业研发投入、借贷优惠贷款担保、市场

进入等方面的支持，对于硅谷良好创新生态的形成起到了重要的保障作用。

三是建立专业服务市场。美国政府从建立平等、规范、专业化的技术市场服务体系入手，支持专业服务机构发展。硅谷较高的创新转化效率与科技服务市场的完善有直接关系，专业的科技服务推动了前沿创新成果与企业需求的有效对接，保障了企业全生命周期的融资、法律、培训、财务及知识产权交易等需求得到专业支撑，极大地降低了产学研转化的成本，提高了企业创新的效率。

（二）东京湾区创新圈

东京湾区是典型的创新型湾区，以日本国土面积的 3.5%，创造了超过其 1/3 的 GDP，湾区内筑波科学城已成为日本科教中心，是仅次于硅谷的世界第二大高科技基地。

一是推动高校研发与产业发展互动互促。东京湾区内拥有多类型、多学科、多层次的大学集群，集聚了东京大学、早稻田大学等 120 多所大学，占日本大学总量的 20% 以上。大量高学历、高素质的高科技人才集中于东京湾区，为东京湾区科技创新提供了有力的智力保障。日本政府高度重视充分发挥大学的研发优势，赋予大学和科研机构较大的行政自主权力，从制度、政策、税收、财政、金融等方面大力支持高校研发与服务产业升级深度融合。

二是完善制度设计促进科技成果转化。20 世纪 90 年代以来，日本政府颁布了一系列法律法规，为促进科研成果产业化提供制度保证。1998年，《大学技术转移促进法》颁布实施，直接促进了技术转移机构的诞生和发展，破解高校科技转化率低的问题。该法明确将促进高校科技转化作为突破口，以公司法人形式建立大学科技转让机构，秉承"产学研"结合理念，将大学的研究成果转让给企业。

三是高起点建设区域科学城。筑波科学城位于距离日本东京东北 60千米的筑波山麓，由国家主导建成，设计之初是为了分散疏导东京人口，转移部分城市职能。科学城搬迁并新建了大量国家级实验室、研究与教育机构。目前，科学城集聚了全日本 40% 的国家级研究所，汇聚了 2.2 万名顶尖科研人才，成为日本最大的科学中心、知识中心和人才聚集地，吸引了大批微电子、新材料、生物工程企业[①]。

4.4 京津冀协同创新的新时代要求——实现京津冀高质量协同发展

4.4.1 京津冀高质量协同发展的困境

（一）创新驱动辐射带动不足，区域协同创新发展模式尚未彰显

一是区域科技创新落差过大。北京科技创新资源总量约占全国的 1/3，以顶尖科研人才和央地协同优势，推动基础研究引领全国，研发投入强度多年位居全国第一。2019 年，河北省的研发经费仅为 566.7 亿元，仅为北京的约 1/4，综合创新水平处于全国中下水平（第二十名）。

二是北京辐射带动能力不足，区域内创新资源流动不畅。北京的技术外溢主要流向粤港澳大湾区、长江经济带，2019 年，流向津冀的技术成交额仅为 282.8 亿元，占比仅为 9.86%，导致北京技术输出呈现"东南飞"趋势，区域内的技术溢出效应无法充分发挥。

三是创新链和产业链双向融合不足。虽然 2019 年北京用于基础研究的经费支出占全国的 26.8%，创新链前端优势明显，聚集了科学研究的"国家队"，在原始创新和基础研究领域实力极强，但是与河北以钢铁为主的传统产业转型升级、生态环境治理等领域相适应的技术供给明显不足，导致京津冀创新链、产业链横向协同能力较弱、纵向互动深度不够，以致形成了整体创新能力不足，又分布不均衡的局面[②]。

---

① 李晓琳，李星坛. 高水平推动京津冀协同创新体系建设［J］. 宏观经济管理，2022（1）：60–67.

② 李国平. 京津冀协同发展：现状、问题及方向［J］. 前线，2020（1）：59–62.

（二）区域发展差距仍然较大，产业协同程度偏低

一是京津冀三地经济发展程度差距巨大。从人均 GDP 来看，2019 年京津两地人均 GDP 分别为 16.5 万元、9.0 万元，按照世界银行的标准，京津两地均已经达到或者接近富裕国家水平（约人均 2 万美元），而人数众多的河北省人均 GDP 为 4.6 万元，远不及全国平均的 7.1 万元，比例仅为北京的 27.9% 和天津的 51.1%，并且与北京的差距呈上升趋势，甚至存在环京津贫困带（涉及 20 多个县，200 多万人口）。

二是产业结构差距较大。不同于长三角、粤港澳大湾区城市群具有产业结构较为相似的特征，京津冀三地产业结构差异过于明显。2019 年，北京市的第三产业所占比重达 83.5%，第二产业仍在萎缩，进入了后工业化时代，已发展成以服务业为主的世界级城市；天津市第二、第三产业所占比重相差不多，处于工业化的高级阶段；而在河北省，第一产业比重达 10.0%，远远高于京津两地的不足 1% 的比重，第三产业比重刚刚反超第二产业，说明其经济刚刚进入工业化中级阶段。

三是北京非首都功能疏解还存在结构性难题。在疏解地方面，产业功能增量控制较为有效，但是存量疏解尚存一些问题和障碍，具体体现在向除"两翼"之外的津冀其他地区疏解，困难较大。在承接地方面，承接平台分散、承接能力不足和承接产业错位的现状并存。

（三）生态环境治理未与经济发展同步，缺乏协同治理机制

京津冀三地的环境治理及生态协同治理长效机制尚未系统性建立。河北为京津的可持续发展作出了巨大牺牲，放慢了其经济发展的步伐。北京城镇居民用水 80% 以上、天津城镇居民用水 90% 以上来自河北，如作为首都水源涵养功能区和生态环境支撑区的张家口、承德地区，为了保证京津生态安全，牺牲了一定的"经济发展权"。通过 2019 年京津冀三地污染物排放比较可知（表 4-3），河北省的废水、废气、一般工业废物产生量等都远远高于京津两地，相反，一般工业废物利用率反而较低，更加重了其污染。虽然近年来大气主要污染物浓度呈下降趋势，但是仍然高于长三角、珠三角及全国平均水平。能源消耗量持续增加，能源结构不合理、利

用效率低下问题突出。北京与天津、河北临界，京津线勘定长度为 69.68 千米，京冀线勘定长度为 1116 千米，由于水、大气的广域性和整体性特点，相邻区域的环境相互影响，河北产业结构不够合理，高耗能、高污染的行业的发展严重影响了环境，是京津冀出现"雾霾"等恶劣天气主要原因之一。

表 4-3 2019 年京津冀三地污染物排放比较 单位：万吨

地区	污染物					
	废水排放总量	化学需氧量	二氧化硫	烟（粉）尘	一般工业废物产生量	一般工业废物利用量
京	133 188	8.18	2.01	2.04	630	467
津	90 790	9.26	5.56	6.05	1495	1479
冀	253 685	48.65	60.24	80.37	32 721	18 741

资料来源：《中国统计年鉴（2020）》。

（四）交通布局缺乏合理性，一体化尚未真正形成

一是在路网布局和交通衔接方式方面存在短板。京津冀区域交通形成了围绕北京的单中心、放射状的网络格局，区域内中心城市运输组织功能发展不均衡，存在大城市交通拥堵、小城市辐射不到现象，导致津冀地区各城市之间的交通通达性较差，中心城市过境压力较大。

二是在区域交通运输结构方面也不够合理。在公路和铁路运输方面，形成了北京重客运，天津、河北重货运的不均衡现象，造成虽然河北道路、人口数量均远高于北京，但是客运量仍旧低于北京的现象存在。在港口运输方面，区域内拥有各具特色的天津港、秦皇岛港、唐山港和黄骅港 4 个港口，但是，受现有行政体制限制，恶性竞争、重复建设现象严重，且基础设施不能互通、信息难以共享。在航空运输方面，河北民航吞吐量为 1463 万人，天津民航吞吐量为 2381 万人，北京民航吞吐量为 10 821 万人，北京是天津的约 5 倍、是河北的 7 倍还多，更是呈现出北京"吃不

下"、天津"吃不饱"、河北"吃不上"的极其不均衡的现象（表4-4）。

表4-4　2019年京津冀年交通运输主要数据

交通运输情况	北京市	天津市	河北省
铁路里程/千米	1205	1185	7791
铁里货运量/万吨	449	9887	26 823
铁里客运量/万人	14 755	5332	13 013
公路里程/千米	22 366	16 132	196 983
公里货运量/万吨	22 325	36 710	211 461
公里客运量/万人	48 151	12 206	31 719
港口货物吞吐量/万吨	—	49 220	116 315
集装箱吞吐量/万吨	—	1730	413
民航机场吞吐量/万人	10 821	2381	1463

资料来源：《中国统计年鉴（2020）》。

（五）京津冀资源共享程度不高，社会组织发展较为迟缓

京津冀三地公共教育、医疗卫生、社会保障、公共环境等基本公共服务水平差异较大、矛盾突出，有些方面甚至呈现出"断崖式"落差。以公共教育为例，京津两地优质教育资源富集，河北教育资源量大质低且人均经费投入与京津差距大，绝大多数指标均低于京津。当前，行业协会、中介结构、研发机构等各种社会组织不断推动区域协同发展、公共资源共享，能够有效弥补看得见的手和看不见的手在失灵时的不足[①]。但是，京津冀三地社会组织，无论是增速还是增量都不及全国平均值，与长三角、粤港澳大湾区城市群相比，更是相去甚远，河北虽然增速最快，但是也存在社会组织级别偏低问题。

---

① 薄文广，陈飞.京津冀协同发展：挑战与困境［J］.南开学报（哲学社会科学版），2015（1）：110–118.

4.4.2 推进京津冀高质量协同发展的若干思考

（一）发挥创新驱动第一动力，构建区域协同创新模式

一是建立科技创新与制度创新"双轮驱动"机制。以北京科技创新中心建设为引领，依托"三城一区"创新载体，全力打造"科技创新特区"精神。"三城一区"具有丰富的科技创新资源，能够起到创新策源和辐射带动作用，是京津冀协同创新共同体的核心和引领者。北京城市副中心建设和雄安新区建设是推进京津冀协同发展的重要制度创新。以疏解北京非首都功能为"牛鼻子"，实现错位发展，京内与京外结合，齐头并进，为京津冀城市群协同发展提供强大动力[①]。

二是完善创新生态环境，提升津冀对北京产业的承接能力。进一步增强京津冀三地制度的一致性，津冀两地要大力改善创新环境，积极培育市场主体，营造办事方便、法治良好、竞争有序的营商环境，提升对人才和企业的吸引力，进一步提升对北京产业的承接能力[②]。

三是构建京津冀协同创新共同体。围绕新材料、生物医药、节能环保、新能源、现代服务业、新一代信息技术、高端装备制造等战略性新兴产业，基本形成"京津研发、河北转化、河北制造"的创新协作新模式，促进北京创新资源溢出和创新成果在津冀转化。以京津冀国家技术创新中心与国家创新体系建设总体布局相互支撑，突破基础研究"弱点"、技术研发"断点"、协同机制"难点"。

（二）突出协调内生特点，逐步实现产业协同

一是培育次级节点城市，形成京津冀协同创新网络。为了促进北京创新成果在京津冀区域内充分扩散，需要缩小北京与雄安新区、天津滨海新区、石家庄、廊坊、沧州等其他创新节点的能级差距，发挥这些地区在土地、交通、政策等方面的优势，加强与北京开展科研、技术等

---

① 李国平. 2019 京津冀协同发展报告［M］. 北京：科学出版社，2020.
② 王德起，何晶彦，吴件. 京津冀区域创新生态系统：运行机理及效果评价［J］. 科技进步与对策，2020，37（10）：53-61.

创新功能方面的分工，打造结构合理、梯度分布、分工协作的创新网络体系。

二是围绕创新链布局产业链，缩小产业结构差距。应充分发挥北京在物质科学研究全球领先、人工智能方面拥有全球其他城市无可比拟的数据资源优势，集聚在高端制造、医药健康等方面所具备原始创新优势，推动这些创新链对应的产业链环节和相关企业在津冀建立相应的中试、孵化和生产基地。同时，津冀要大力促进产业结构智能化、数字化转型，推动产业链向高技术、高价值环节攀升，缩小产业结构差距。

三是布局高技术产业集群，打造区域科创走廊。依托北京的科创资源优势，在京津冀区域范围内，布局高技术产业，在十大"高精尖"领域形成规模更大、产业链更为齐全的产业集群，扭转产业发展相对不足的局势。要依托雄安新区特殊的政治地位及地理位置优势，打造"京津雄创新三角"，进而带动石家庄、沧州等地发展，形成跨越三地的"科创走廊"，作为高技术产业集成的空间载体。

（三）让绿色发展成为普遍形态，推进生态环境治理实现循环低碳可持续发展

在国家的"双碳"目标下，着力加强区域生态环境保护和协同治理，努力突破行政界线，共同应对生态环境问题，实现生态环境保护一盘棋。

一是完善生态环境保护的规章制度。健全相应生态环境保护方面的法律法规，保证协调一致，便于执行。避免过多采用一刀切的行政手段化解过剩产能和"铁腕治霾"，更多依靠经济手段和市场机制，防止"劣企驱逐良企"市场逆淘汰现象出现。[①]

二是健全生态补偿机制。京津两地应该从资金、人才、产业等各方面给予补偿，支持河北发展。三地应加强沟通，建立利益共享机制，在构建信息共享平台的基础上互通有无。

---

① 柳天恩，田学斌. 京津冀协同发展：进展、成效与展望［J］.中国流通经济，2019，33（11）：116–128.

三是建立能源协同管理机制，改善能源消费结构。进一步减少煤炭消费总量，推行煤改气、煤改电等煤改清洁能源工程，加强燃煤锅炉治理，提高能源使用效率。

（四）以开放为必由之路，让数字经济拓宽区域"软边界"、提供新动能

一是数字经济不断拓宽区域"软边界"。在数字化普遍推行、知识全球化流动的发展趋势下，新的信息技术将创新要素的空间距离无限拉近，区域不再具有明显的"硬边界"，云计算、大数据、人工智能等数字技术在一定程度上弱化了空间距离，促使京津冀区域的开放特征更加明显，逐渐向更广阔的"软边界"扩展。河北应在数字经济的浪潮中加强与京津合作，加速"软边界"的扩展，以进一步突破传统行政壁垒的限制，促进各种要素的自由流通。

二是依托数字技术赋能，实现"弯道超车"。信息化、数字化为现代技术的演进提供了强力支持，将数字技术渗透到经济社会的方方面面，发挥对资源配置的集成和优化作用，给传统发展滞后地区带来颠覆性创新和创造性破坏。对于河北来说，应加强与京津地区的联系和合作，"借力"赋能传统产业，提升创新能力，实现降本、提质、增效，不失为一条实现弯道超车的新路径。

（五）以交通一体化为突破，逐步实现基本公共服务均等化

交通是各项经济活动的基础，交通一体化是《京津冀协同发展规划纲要》要求率先突破的重点领域，应立足三地整体发展格局和各自的发展现状，大力发展轨道交通，推进"轨道上的京津冀"建设，打造一小时城市圈，打通"断头路"，通过交通一体化有效推动区域生产要素合理分配，引导区域空间布局调整和产业升级转型，在交通、教育、医疗等多个公共事业领域展开合作，实现资源共享。建立统一的区域商品和要素市场，保障市场的统一开放和竞争有序，实现优势互补。京津冀各地政府应加大政策倾斜力度，通过便捷登记管理制度、税收优惠政策等，支持和培

育公益性、普惠性、救助性的社会组织在公共文化体育、医疗卫生、养老保障等领域发展、壮大。为提供基本公共服务的社会组织搭建覆盖京津冀"2+11"市跨地区、跨部门的大数据信息共建共享平台[①]。

[①] 黄华.马克思主义公平理论视域下京津冀基本公共服务均等化研究 [D].石家庄:河北师范大学，2020.

第五章 京津冀三地科技创新资源情况梳理

本章系统梳理了京津冀三地的科技创新资源，并总结了各自的特点，为三地创新资源分布情况建立一个整体的轮廓，便于后续部分论述的展开。

5.1 北京科技创新资源情况

5.1.1 北京科技创新资源分布的整体情况

北京科技创新资源总量约占全国的 1/3，以顶尖科研人才和央地协同优势推动基础研究引领全国，但仍有较大释放潜力。本小节基于对北京现有科技创新资源情况的系统梳理和多维度数据分析，凝练出基础研究投入巨大、政府资金占比较多、人才吸引力下降、北京内部集聚过度与向津冀区域辐射不足并存等几项重要特征，并从优化基础研究布局、建立央地协同机制、改善科研环境和带动区域发展 4 个方面，提出进一步释放北京科技创新资源潜力、支撑科技创新中心建设的相关政策建议。

5.1.2 科技创新资源富集为建设北京科技创新中心奠定基础

进入新发展阶段，科技创新中心建设是我国跻身世界科技强国前列的一个重要战略支撑[①]。在"3+1 科技创新中心"基础上，中部、西北、东

[①] 刘冬梅，赵成伟. 成渝地区建设全国科创中心的路径选择［J］. 开放导报，2021（3）：72–79.

北的武汉、西安、沈阳①等中心城市（群）也在争创区域科技创新中心。自2016年国务院印发《北京加强全国科技创新中心建设总体方案》以来，北京科技创新中心建设取得了巨大成就，科技综合实力和支撑服务国家创新战略布局能力显著提升。得益于得天独厚的科技创新资源优势，北京是全国科技创新资源最集中的城市，成为其科技创新中心建设的重要依托和保障。此外，北京在积极推动科技创新资源、重大科技项目、科技资金、科技政策整合等科技体制改革方面作出了积极探索，为建设国家科技创新中心提供了重要制度环境保障。

（一）大规模、高质量的科技创新资源为北京建设科技创新中心奠定了独一无二的基础

北京集聚了国家重点实验室、国家工程研究中心、研究型大学、科技领军企业等国家重要科技创新资源。北京市域面积约为全国陆域国土面积的0.17%，科技创新资源却占据了全国的1/3（表5-1）。

表5-1 北京国家科技创新资源分布情况　　　　　单位：个

项目	国家科技创新资源分布			
	国家重点实验室	国家工程研究中心	研究型大学（"双一流"建设高校）	科技领军企业
北京	128	68	36	5
全国	515	346	139	25
比例	24.9%	19.7%	25.9%	20.0%

资料来源：科技部、北京市等发布的相关文件及报道；《2020欧盟工业研发投资记分牌企业》（在被研究2500家企业中，选择研发投入最多的25家中国企业来分析）。

---

① 刘冬梅，赵成伟．东北地区建设区域科创中心构想［J］．开放导报，2021（6）：62-70.

（二）北京的高端人才优势最为突出

北京有全国将近一半的两院院士，每年的国家科技奖励一等奖和中国十大科技进展新闻中大概有一半来自北京。2020 年，北京的硕士、博士毕业生人数分别是 8.7 万人、2.0 万人，分别占全国的 13.2% 和 30.3%，为北京提供了大量的新生科研力量。

（三）"三城一区"为北京科技创新资源提供呈现空间

目前，北京"三城一区"吸引了全市 50% 以上的研发投入和科技人才，产生了全市 60% 以上的发明专利[①]。中关村科学城专注于"学"，是支撑北京国际科技创新中心建设的核心区；怀柔科学城专注于"研"，是物质、空间、地理系统、生命、智能五大科学方向的世界级原始创新承载区；未来科学城专注于"技"，以应用技术为主，主要对接中央企业；亦庄开发区专注于"产"，以科技成果中试和产业化为主，与"三城"对接协作。

通过分析国际一流科技创新中心的发展经验可知，集聚是创新资源最重要的结构特征，成为带动地区经济发展的重要引擎，美国硅谷、波士顿 128 号公路、韩国大德科学城等大学、科研机构、研发密集型企业空间集聚地区的发展都是有力证明。以绿色、智能、泛在为特征的群体性技术革命，不断打破创新要素的地域、组织、技术界限，越来越凸显创新生态的重要性，从工业经济、服务经济到创新经济演化的态势逐渐显现，汇聚大量科技创新资源的大城市或城市群成为一个国家创新发展的增长极。

5.1.3　北京科技创新资源的现状和特征

（一）研发能力全国领先，基础研究投入巨大

从 R&D 经费投入情况来看，2019 年北京 R&D 经费支出为 2233.6 亿元，占全国的 10.1%，自 2014 年开始，基本都维持在 10% 左右的比例，变化不大。R&D 经费投入强度也基本保持了上升的趋势，2019 年达到了

---

① 赵弘.全球坐标里的北京科技创新中心［J］.前线，2018（7）：81–84.

6.3%，约是全国 R&D 经费投入强度的 3 倍。从 R&D 人员全时当量情况来看，2014—2019 年，总量稳步增加，2019 年达到了 31.4 万人年，在全国的占比始终保持 6%~7%（表 5-2）。2019 年，用于基础研究的经费支出为 355.5 亿元，占全国的 26.8%，创新链前端优势明显，聚集了科学研究的国家队，主要得益于央地协同发力，科研机构与高校云集[1]。在实验室体系方面，北京优势明显；在高水平研究型大学方面，北京拥有全国 1/4 以上的"双一流"建设高校。

表 5-2　北京 R&D 经费、人员情况

R&D 经费、人员情况	年份					
	2014	2015	2016	2017	2018	2019
北京 R&D 经费/亿元	1268.8	1384.0	1485.6	1579.7	1870.8	2233.6
北京 R&D 经费全国占比/%	9.7	9.8	9.5	9.0	9.5	10.1
北京 R&D 经费投入强度/%	5.5	5.6	5.5	5.3	5.6	6.3
全国 R&D 经费投入强度/%	2.1	2.1	2.1	2.1	2.2	2.2
北京 R&D 人员全时当量/万人年	24.5	24.6	25.3	27.0	26.7	31.4
北京 R&D 人员全时当量全国占比/%	6.6	6.5	6.5	6.7	6.1	6.5

资料来源：历年《北京统计年鉴》《中国统计年鉴》。

（二）研发经费来源多为政府资金，研发服务业或成未来增长点

2019 年，北京研发经费中一半以上来自政府资金，且多为中央财政资金，仅有 40% 来自企业，而深圳研发经费 90% 以上来自企业，相较于上海、深圳，北京具有"高政府、低企业"的 R&D 投入贡献特征，且企业贡献率存在持续下降趋势[2]（图 5-1）。虽然北京万人 R&D 研发人

---

① 陈莉莉. 北京深化全国科技创新中心建设问题研究：基于北京、上海和深圳三地对比优势分析的视角 [J]. 创新科技，2020，20（7）：47-54.
② 童爱香，张红，孙艳艳，等. 北京、上海、深圳、广州科技创新能力比较 [J]. 科技管理研究，2017，37（3）：100-107.

员数量为 85.28 人，位居全国首位，但是全社会企业 R&D 人员占比仅为 12.74%，在全国居第 30 位，远低于广东（70.30%）、浙江（68.36%）等经济发达地区。北京高新技术产业、战略性新兴产业增加值和规模以上工业企业创新能力也不容乐观，缺乏高技术产业和创新集群的空间载体。2019 年，北京科学研究和技术服务业，信息传输、软件和信息技术服务业及教育等 3 个行业 R&D 经费支出占比分别为 50.9%、18.2% 和 12.6%，合计占比高达 81.7%，大多属于赋能性、易转化、短产业链行业，制造业 R&D 经费支出占比仅为 12.4%。一定程度上将导致北京创新链后端较弱，企业创新意愿不够、动力不足，企业科技创新竞争力不强，产业活跃度不够，产业体系不完善等，削弱了产业链和创新链有效融合。

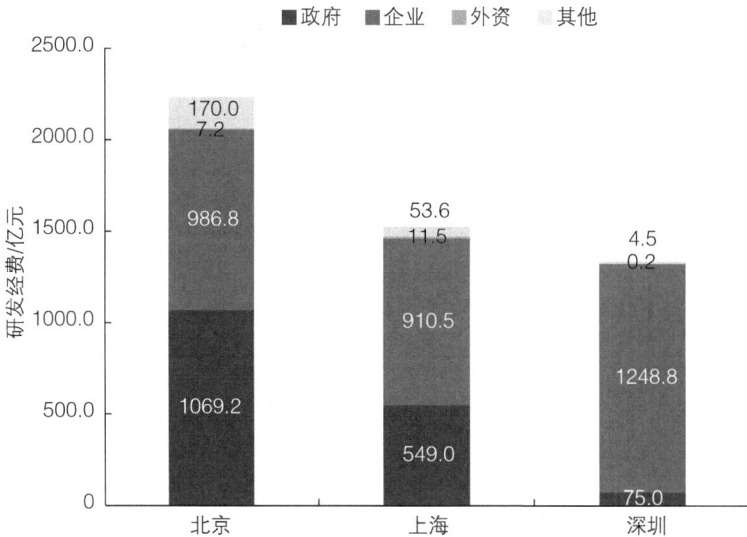

图 5-1　2019 年北京、上海与深圳的研发经费来源结构情况

（三）科研成果产出丰富，但人才吸引力在下降

北京基于巨大的科研投入，科研成果产出数量非常可观。从专利申请和授予情况来看，2014—2019 年专利申请和授予数量呈逐年增加趋势，并且稳定在约占全国约 5% 的比例，浮动不大。从技术市场成交额来看，2014—2019 年成交额总量呈现明显上升趋势，但全国占比呈下降趋势，

由 2014 年最高约占全国的 40%，下降到 2019 年的约占 25.4%，但仍然在全国占据较大比例（表 5-3）。2019 年，北京技术市场成交额为 5695.3 亿元，居全国首位，遥遥领先位于第二的广东，其科技成果有 80% 流向全国各地，对各省都产生辐射作用。但从创新环境来看，虽然每名 R&D 研究人员研发仪器和设备支出数额有大幅提升，但是仍然处于全国中等水平，有待进一步改善，再加上受人口严控、户籍限制、产业疏解、生活成本偏高等因素影响，近年来北京人才出现净流出现象。2019 年，北京 GDP 规模达到 3.5 万亿，在全国城市中排第二位，但是人才流入排在第四位，在深圳、杭州、上海之后。《人才流动与迁徙报告 2020》显示，从 2019 年人才净流入占比来看，北京、上海、深圳、广州 4 个一线城市分别为 –3.9%、0.5%、0.2%、0.6%，广州最高、北京最低。从细分行业来看，2019 年北京流出人才多源于 IT、通信、电子、互联网行业。2016—2019 年，北京人才净流入占比分别为 –0.7%、–2.3%、–2.7%、–3.9%，持续为负且降幅扩大。

表 5-3　2014—2019 年北京科研产出情况

项目	年份					
	2014	2015	2016	2017	2018	2019
北京专利申请量/万件	13.8	15.6	17.8	18.6	21.2	22.6
全国占比/%	5.8	5.6	5.1	5.0	4.9	5.2
北京专利授予量/万件	7.5	9.4	10.2	10.7	12.3	13.2
全国占比/%	5.8	5.5	5.8	5.8	5.0	5.1
北京技术市场成交额/亿元	3136.0	3452.6	3940.8	4458.3	4957.8	5695.3
全国占比/%	36.5	35.1	34.5	33.2	28.0	25.4

资料来源：历年《北京统计年鉴》《中国统计年鉴》。

（四）区域工业发展过度依赖于重点企业和重点产业

以 2019 年为例，海淀区电子信息产业、装备产业分别实现工业总产值 1425.6 亿元、619.4 亿元，二者合计占全区工业总产值的比重为 89.8%。其中，仅小米通讯一家，2019 年实现工业总产值 911.9 亿元，占全区工业总产值的 40.0%。昌平区 5 亿元以上工业企业（包括北汽福田、三一公司、康明斯、诺华制药）完成产值 787.5 亿元，占总量的比重为 70.7%，同比增长 7.5%，拉动昌平工业增长 5.3 个百分点。2018 年，大兴区 117 家重点工业企业实现工业总产值 650.8 亿元，占规模以上工业总产值的 86.2%。远郊区同样存在类似的情况。2018 年，平谷区汽车产业占全区规模以上工业总产值的比重为 44.5%，工业过度依赖汽车制造业的模式，使工业经济抗风险、抗波动能力较差。2019 年，门头沟区 30 家规模以上工业企业中，中小型企业数量占比高达 93%，但总产值占比仅一半。而仅有的 2 家大型企业，其产值占全区工业总产值的近一半，工业经济对大型企业依赖性较大。

（五）北京科技创新资源分布极化与向津冀区域辐射不足现象并存

北京市范围内，各区创新能力差异非常大，科技创新资源主要集中在海淀、朝阳等地区。2019 年，海淀区专利申请量为 8.6 万件，在全市占比 38.6%，而延庆仅有 516 件，其他几个远郊区也仅有 2000 件左右。京津冀范围内，2013—2019 年，北京 GDP 占京津冀的比重由 31% 增加到 42%，R&D 经费内部支出占比由 62% 增加到 69%，高技术产业营业收入占比由 40% 增加到 58%，极化现象仍在进一步加剧。北京综合科技创新水平位居全国第二，而河北却处于中下水平（第二十名）。创新溢出具有明显的"富人俱乐部"效应，而京津冀创新次中心和节点城市发育并不完善，尚未形成创新网络和产业网络紧密合作的城市群，研发活动与产业融合发展的作用尚未充分发挥，从而导致河北很难承接京津的技术转化成果，吸纳技术合同成交额增长缓慢。按照科技部火炬中心公布的数据，北京的技术外溢主要流向粤港澳大湾区、长江经济带，其中流向津冀的技术成交额为 282.8 亿元，占比仅为 9.86%，导致北京技术输出呈现"东南飞"趋势。

5.2 天津科技创新资源情况

自 2000 年天津提出"工业东移战略"以来，市级层面更多地围绕滨海新区产业定位及各区承接非首都资源的功能化布局，但是，天津自身发展的科技创新区域战略优化鲜有提及①。天津是京津冀区域的重要组成部分，由于在首都北京的光环笼罩下，无论学者研究，还是国家政策的关注，天津都属于容易被忽略的一方。而且，作为"双城"中的一城，天津这几年发展相对缓慢，与北京的差距有渐行渐远之势，"双城"联动效应难以发挥。

天津市在中华人民共和国成立前有一段作为"北方经济中心"的短暂历史。但新中国成立以来，由于种种原因，天津市在发展过程中错失了一些机会，在与北京的竞争中处于劣势，这使得天津市的工业基础在较长时期内没有得到充分利用和发挥。20 世纪 90 年代，国家决定在上海浦东建立特区（浦东新区），天津市就一直呼吁国家决策在天津滨海建立同样的新区（天津滨海新区），并于 2006 年获得国家批准，但此时北京作为国家重要的金融商贸等高端服务业中心之一的地位实际上已经确立了。

从天津的自身发展角度看，从 20 世纪 70 年代特别是从 20 世纪 80 年代起，天津市的大型钢铁工业、石油化学工业和通信设备制造业等基础原材料和先进制造业发展很快，作为北方重要的航运中心的地位也得到确立。天津具有相当强大的多部门的制造业、航运业、原材料生产等，是中国华北地区的经济中心城市，也是东北亚地区重要的航运中心之一，是中国进出关及京津冀与华北及西北内陆的铁路交通枢纽之一。但就经济总量而言，天津仅属于全国第二梯级大都市范畴；就产业特点而言，天津明显以第二产业为主体，总部经济远远不及北京、上海和香港②。

---

① 赵绘存，曹建俐.面向 2035 年天津优化科技创新区域布局的思路与举措研究［J］.天津经济，2019（11）：30–34.
② 陆大道.京津冀城市群功能定位及协同发展［J］.地理科学进展，2015，34（3）：265–270.

5.2.1 天津科技创新资源的现状

（一）高校

2022 年 2 月，教育部第二轮"双一流"建设高校及建设学科名单公布结果显示，天津有 5 所高校入围（表 5-4）。

表 5-4 天津市"双一流"建设高校情况

序号	高校	"双一流"建设学科
1	南开大学	应用经济学、世界史、数学、化学、统计学、材料科学与工程
2	天津大学	化学、材料科学与工程、动力工程及工程热物理、化学工程与技术、管理科学与工程
3	天津医科大学	临床医学
4	天津中医药大学	中药学
5	天津工业大学	纺织科学与工程

（二）基地平台

2018 年，天津重大科技基础设施和创新平台建设取得历史性突破。大型地震工程模拟研究设施获批立项，获得国家 12.3 亿元财政资金支持，实现天津"零"突破，也是我国地震领域首个国家重大科技基础设施。建设了清华大学天津高端装备研究院，国家合成生物技术创新中心、国家先进计算产业创新中心也在有序地推进，现代中医药海河实验室已经揭牌。为了及时将科技成果落地转化，对接服务好科研院所与企业之间的供需要求，天津市科技成果展示交易中心落地投用，面向京津冀推广创新成果。积极融入北京国际科创中心建设，天津市成为京津冀国家技术创新中心分中心。目前，京津冀国家技术创新中心南开协同创新中心、先进制造技术实验室等 4 家实验室成功设立。

根据天津市科技局网站公布数据，截至 2020 年年底，天津市共 14 家国家重点实验室，主要集中在化学、医药领域，其中 9 家是近 10 年来建设的；天津市重点实验室和企业重点实验室分别达到 161 家和 160 家。共有 12 家国家工程技术研究中心，220 家天津市工程技术中心，8 家天津市综合性技术创新中心；20 家天津市产业技术研究院；68 家国家企业技术中心，646 家天津市企业技术中心。

5.2.2 天津科技创新资源的特征

（一）创新发展呈现明显的向外扩张趋势

得益于天津工业东移战略和京津冀协同发展战略叠加效应，区域创新格局正在发生比较大的变化。

一是天津东部和北部创新资源快速崛起，重点是滨海新区、武清、北辰等区域。以天津科技创新主体增幅为例，2018 年，滨海新区全年新增科技型中小企业 3235 家，占全市的 41%，北辰、武清分别为 689 家和 792 家，分别占全市的 8.7% 和 10%，三地接近全市的 60%。

二是中心城区科教资源向环城区域迁移。天津高校资源逐步由市内六区向外部迁移，形成了环城四区高校布局，如北辰（河北工业大学）、西青（天津理工大学、天津师范大学和天津工业大学）、津南（南开大学、天津大学）。

三是环京津冀创新裙带加速形成发展。"通武廊""静沧廊""京东黄金走廊"等京津冀交汇地带，科技一体化进程提速，正逐步成为支撑"天津—北京—雄安"金三角创新发展的潜在力量。

（二）科技园区创新发展取得较大成就

一是科技园区已经成为创新发展的新地标。从特色工业到产业集群再到区域特色经济创新体系，科技园区已经形成了创业孵化、科技服务、公共研发等较为成熟的科技创新体系。例如，2019 年第二批天津智能制造项目，天津经济技术开发区在项目和支持金额上分别占比 19% 和 24.3%。

二是科技创新园区的资源汇聚日益突出。科技园区已经成为各个区域创新战略资源汇聚的主战场。如天津滨海—中关村科技园，截至 2019 年 3 月，科技园区新增注册企业 1061 家，注册资本金 110.96 亿元，中关村智造大街、人工智能实验室等优质项目在天津落地生根。

（三）取得较多具有突破性的重大成果

一是天津区域科技创新平台集群已经形成。在津的国家级科研院所和高水平研发分支机构总数已超过 170 家，其中 60 多家来自北京地区。已经在天津重点领域形成了承接国家战略需求的重要支撑力量。

二是前瞻性、原创性研究能力得到提升，取得了一批原创性成果。在基因重组、蛋白结构、有机材料等领域取得一批重大原创性成果。在内燃机动力研究、合成生物学等领域领跑全国，肿瘤疫苗、光学自由曲面制造、组分中药等前沿领域处于国际先进水平。津产长征五号、长征七号火箭发射升空，自主研发主动反射面液压促进器成为"中国天眼"核心部件，着陆器压紧释放装置等技术装备助力探月工程，"和谐号"动车、"复兴号"动车、首艘国产航母、大型客机 C919、港珠澳大桥、雄安新区规划等重大创新工程凝聚渗透了天津创新贡献[①]。

三是天津区域智能制造升级提速。截至 2019 年 4 月，国家级智能制造专项和示范项目累计 15 个，支持企业智能化改造项目 183 个，信息化和工业化两化融合试点企业 103 家，软件和信息服务业增长 15%。

四是天津智能科技产业发展动力十足。一方面智能科技平台加速聚集，聚集培育科技创新平台 285 家，其中国家级 19 家、市级 266 家。另一方面，智能科技区域产值爆发式增长。2019 年第一季度，天津高新区智能科技产业相关企业营业收入完成 234.88 亿元，同比增长 49.6%。

5.2.3 天津科技创新区域发展面临的问题

（一）从战略设计讲，天津缺少科技发展区域顶层设计和统筹式布局

当前天津在产业发展定位上更多地聚焦于各个区定位设计，在科技资源、产业资源、双创资源的区域联动布局和未来前沿产业布局研究不足，区域布局明显的经济带或是区域带尚缺乏统筹考虑。呈现出一方面向西北发展，承接北京非首都功能；另一方面借助临海港口优势，向西南发展。

---

① 张田力，沈延斌，杨士伟，等 . 天津市科技创新引领经济发展现状与对策研究［J］. 科技和产业，2019，19（8）：64-67.

（二）从区域联动讲，天津尚未建立有效承接、服务京津冀科技创新发展的战略力量

从技术合同成交额看，2020 年北京流向津冀的占流向京外技术合同成交额的比重为 5.5%。2013—2020 年北京流向河北的技术合同始终高于天津。例如，天津专用设备是优势产业，但是和京冀地区联系较少。天津始终是北京重要的技术来源地，2013—2020 年，北京吸纳天津的技术合同成交额始终居于全国前 4 位。从要素资源上讲，天津缺少承接先进制造研发国家战略力量的机构或平台。对标天津全国先进制造研发基地的定位及对京津冀自主创新的重要源头和原始创新的主要策源地的定位，天津缺少相应的支撑区域创新体系国家级重大科技基础设施和创新平台。

（三）从科技潜力讲，天津既面临与北上广深科技创新差距不断拉大的现实，又面临着新兴崛起城市的赶超之势

据《中国区域科技创新评价报告 2000》数据显示，天津科技创新实力已经位于第 4 位。天津存在人才流失问题，研发人员总量和每万名劳动力中研发人员数量均从 2016 年开始下降，天津研发人员总量从 2015 年的 12.43 万人年下降到 2019 年的 9.25 万人年，与京沪粤等发达省市存在不小差距。

5.3　河北科技创新资源情况

5.3.1　科技创新资源分布现状

（一）科技创新资源分布的总体情况

整个河北省境内没有"双一流"建设高校，仅有位于天津境内的河北工业大学的电器工程入选"双一流"学科。河北与京津共同申报的京津冀全面创新改革试验区获国家批复、京南国家科技成果转移转化示范区、环首都现代农业科技示范带等重点科技园区，京津冀技术交易河北中心等服务平台建设步伐加快。聚焦"京津研发、河北转化"，三地积极推动平台共建、资源共享、人才共用、资质互认,京津冀协同创新共同体建设向纵深迈进。雄安新区科技创新顶层设计基本完善,中科院雄安创新研究院等一批研发机构启动建设。实施《科技冬奥智慧崇礼行动计划》,围绕"支撑冬奥筹办、支撑冰雪产业、引领可持续发展、打造智慧崇礼"4 个方面凝练了 23 项重点任务,为冬奥服务保障能力和办赛技术提供支撑。

(二)科技创新资源分布的具体情况

截至 2020 年年底,全省省级以上研发平台共有 1206 家,较 2019 年增加 356 家、增长 41.64%;其中,省级以上重点实验室 273 家,省级以上技术创新中心 792 家,省级以上产业研究院 141 家(表 5-5)。除重点实验室主要依托高校建设外,其他都是主要依托企业建设(表 5-6)。但是,各创新平台分布并不均衡,石家庄、保定和唐山三地占了将近一半,其中省会城市石家庄最多(表 5-7)。总体还是以省级平台为主,国家级平台偏少(表 5-8)。

表 5-5　2018—2020 年河北省科技创新平台数量年度变化情况　　单位:家

平台类型	年份		
	2018	2019	2020
重点实验室	158	196	273
技术创新中心	428	570	792
产业技术研究院	68	89	141
合计	654	855	1206

表 5-6　2020 年河北省按依托单位分科技创新平台数量分布情况　　单位:家

依托单位类型	重点实验室	技术创新中心	产业技术研究院	总数
企业	69	672	117	858
高等院校	157	81	9	247
科研机构	22	30	4	56

续表

依托单位类型	重点实验室	技术创新中心	产业技术研究院	总数
医疗机构	22	1	0	23
政府机构	0	1	6	7
其他	1	4	1	6
检测机构	2	3	0	5
社团组织	0	0	4	4
合计	273	792	141	1206

表 5-7 2020 年河北省按地域分科技创新平台数量分布情况　　单位：家

地域	重点实验室	技术创新中心	产业技术研究院	总数
石家庄	109	206	23	338
唐山	17	73	12	102
秦皇岛	31	43	9	83
邯郸	12	61	12	85
邢台	5	65	14	84
保定	43	81	17	141
张家口	6	21	5	32
承德	4	39	10	53
沧州	10	63	12	85
廊坊	16	73	8	97
衡水	4	48	15	67
辛集	0	6	2	8
定州	1	7	2	10
天津 [①]	15	6	0	21
合计	273	792	141	1206

[①] 因为河北工业大学属于河北，而地理位置在天津，此处主要指这一部分的数据。

表 5-8　2020 年河北省按级别分科技创新平台数量分布情况　　　单位：家

级别类型	重点实验室	技术创新中心	产业技术研究院	总数
国家级	12	5	0	17
省级	261	787	141	1189
合计	273	792	141	1206

数据来源：《2020 年河北省科技创新平台综合统计年报》。

一是在重点实验室方面。2020 年，全省重点实验室数量达 273 家，其中国家级重点实验室 12 家，省级重点实验室 261 家；较 2019 年增加 77家。从所属学科领域看，273 家重点实验室分布在生命科学、工程科学、材料科学、地球科学等八大领域。其中，生命科学领域较多，有 105 家，占重点实验室总数的 38.46%；工程科学领域 60 家，占 21.98%；材料科学30 家，占 10.99%（表 5-9）。建有国家级重点实验室 12 家，从所属学科领域看，工程科学领域 6 家，生命科学领域 4 家，材料科学领域 2 家；从地域分布看，石家庄 5 家，保定 3 家，秦皇岛、邢台、廊坊和天津各 1 家。

表 5-9　2020 年河北省省级以上重点实验室按学科领域分布情况　　　单位：家

学科领域	年份			
	2017	2018	2019	2020
生命科学	49	63	80	105
工程科学	27	37	47	60
材料科学	11	17	21	30
信息科学	8	11	14	27
地球科学	10	12	13	17
化学科学	6	9	10	15
交叉科学	2	6	6	15
数理科学	3	3	4	4
合计	116	158	196	273

数据来源：《2020 年河北省重点实验室年度报告》。

二是在技术创新中心方面。截至 2020 年年底，共建成省级以上技术创新中心 792 个，其中国家级 5 个、省级 787 个。其中，石家庄市的省级以上技术创新中心达到 206 家，占比约 26%，远超其他地市；依托主导产业、战略性新兴产业、区域特色产业中的骨干企业建设 672 家，占总数的 84.85%；主要集中在制造业，材料和轻纺、医药卫生领域，占了近一半的数量（表 5-10）。需要特别指出的是，河北省共有 5 个国家工程技术研究中心，分布在石家庄、保定、秦皇岛、廊坊和天津市。分别是：依托高等院校建设的国家北方山区农业工程技术研究中心、国家技术创新方法与实施工具工程技术研究中心和国家冷轧板带装备及工艺工程技术研究中心，依托科研院所建设的国家现代地质勘查工程技术研究中心和国家半干旱农业工程技术研究中心。

表 5-10　2020 年河北省省级以上技术创新中心按技术领域分布情况　　单位：家

技术领域	年份			
	2017	2018	2019	2020
农业	45	57	68	96
材料	55	77	101	152
制造业	69	107	150	214
轻纺、医药卫生	55	72	99	125
建设与环保	20	32	41	53
电子与信息通信	21	38	51	62
能源与交通	25	32	45	74
资源开发	7	9	12	16
合计	297	424	567	792

数据来源：《2020 年河北省技术创新中心年度报告》。

三是在产业技术研究院方面。141 家省级产业技术研究院分布在先进制造与自动化、生物与新医药、新材料、新能源与节能、资源与环境和电子信息等六大技术领域，其中：先进制造业与自动化领域 41 家，占总数的 29.08%；生物与新医药 53 家，占总数的 37.59%；新材料 28 家，占总数的 19.86%；新能源与节能 10 家，占总数的 7.09%；资源与环境 5 家，占总数的 3.55%；电子信息 4 家，占总数的 2.84%（表 5–11）。依托主体是企业。

表 5–11　2017—2020 年河北省省级以上产业技术研究院按技术领域分布情况　单位：家

产业分布	年份			
	2017 年	2018 年	2019 年	2020 年
先进制造与自动化	18	24	29	41
生物与新医药	9	18	29	53
新材料	10	14	18	28
新能源与节能	4	6	6	10
资源与环境	1	3	4	5
电子信息	3	3	3	4
合计	45	68	89	141

数据来源：《2020 年河北省省级产业技术研究院年度报告》。

5.3.2　创新资源分布的特征

（一）R&D 投入不足为创新发展关键短板

R&D 支出份额是创新的重要基础，决定了创新发展的持续性，近年来河北省虽然 R&D 投入不断增加，但投入强度仍然相对较低。2020年，河北 R&D 经费在全国排位仅为第 13 位，R&D 支出同 GDP 之比仅为 1.75%，在全国仅排在第 16 位，仅为北京的 1/4，天津的 1/2，上海的 1/3，也低于中西部的陕西、安徽、湖北、重庆、四川、湖南等地区。河北在全国处于科技投入洼地，直接影响了国家创新要素在河北的投入，也难以吸引高层次创新人才和团队、相关高新技术企业聚集，成为河北创新发展的关键短板。

（二）高质量人才稀缺形成创新质量洼地

高质量创新资源的多寡和质量，对创新发展的质量和可持续性具有决定性作用。2020 年，河北 R&D 人员数在全国排第 13 位，但从高端人才占 R&D 人员百分比看，则十分匮乏，全省博士研究生占 R&D 人员百分比仅为 5.71%，在全国排 26 位，硕士研究生占比为 17.41%，全国排第 17 位，而且低于河北的很多省份属于沿海发达地区，其经济体量远远大于河北。可见，河北的 R&D 人员质量不高。无论从区域角度还是从全国范围看，属于典型的人才洼地。高层次人才和团队的缺乏，直接影响了河北的投资环境，对于创新要素聚集，高技术产业落地，引入高质量项目及其产业化均会产生不利影响。

（三）政府投入未能形成对科技创新的有效引导

河北不仅 R&D 投入强度相对较弱，而且政府在科技创新投入方面亦严重不足。其中，2020 年 R&D 资金中来自政府的比重仅为 11.24%，同全国平均 19.78% 的水平有较大差距，全国各省级单位中仅排第 26 位，低于河北的仅有 5 个地区，这 5 个地区中，福建、江苏、浙江、山东等 4 个省属于沿海经济发达地区，市场机制发达，企业和科研单位经济实力强，融资渠道广泛，研发投入来源多样化，政府投入较低，并不影响技术创新，并且政府投入虽然占比低，但总量高，对创新的推进作用往往起到四两拨千斤的作用。而对于经济发展落后且创新能力较弱的河北地区而言，企业自身筹集资金搞研发的能力本身就十分有限，政府如果不能提供强有力的支持，对培植、促进企业创新十分不利。

（四）创新资源集中孤立分布限制了创新行为扩散

创新人员和创新经费体量较小，但在地域上和产业上分布却高度集中，区域分布不平衡显著。2020 年，石家庄、唐山、保定 3 个市占据了河北省创新人员的 51.79%，创新平台经费筹集的 59.50%[①]。3 个市中石家庄为省会，其他 2 个市基本都是重化工业集中的地区，创新资源在

---

① 数据来源：《2020 年河北省科技创新平台综合统计年报》。

地域和产业上的高度集中，对发展新型产业的创新和创新的扩散形成了障碍[①]。

（五）科技产出效益较低，产业结构比率不合理

河北专利、论文等科研产出效率较低。根据《中国区域科技创新评价报告 2021》，万人科技论文数居全国第 25 位，万人发明专利拥有量居全国第 20 位，而万人技术输出成交额却居全国第 16 位，高于河北省综合科技创新水平，说明河北的基础研究水平不高，京津的技术不仅很难在河北落地，本地的技术外流情况也很严重。河北省受到钢铁、煤炭等重化工业主导的产业结构的影响，高技术产业和新兴产业发展严重滞后。河北高技术产业营业收入占工业营业收入比重、高技术产品出口额占商品出口额比重均居全国第 27 位[②]。

5.3.3 面临的问题

（一）以钢铁、建材等低端制造业为主

我国经济已经高速增长了 20 年，现在已进入高质量发展阶段，国家基础设施建设脚步也在放缓，势必会造成对钢铁、煤炭等材料的需求降低；作为河北钢铁产业原料的矿石大部分来自国外进口，本地只做低附加值、高污染的钢铁冶炼产业，同样面临转型升级的困境。京津冀协同发展的关键问题是如何实现河北的重化工业转型升级。作为京津冀制造业主要承接地的河北，本身在钢铁、建材、石化、医药等传统优势产业上链条较为完整、配套比较完备，但仍以低端产品为主，如在钢铁生产中高端钢材占比仅为 10%，而医药产业超过 50% 的医药产品仍为原料药。同时，河北产业集聚能力弱，没有形成整体承接优势，对经济市场主体的吸引力、承载力不强。

---

① 刘楷. 雄安新区引领下的河北主动、创新发展研究［J］. 治理现代化研究，2020，36（2）：50-56.

② 玄兆辉，陈钰. 京津冀协同发展背景下河北省创新能力评价研究：基于《中国区域创新能力评价报告》的分析［J］. 科技创新发展战略研究，2017，1（1）：71-77.

（二）创新成果供给与需求的错位

北京各创新主体针对河北传统产业转型升级技术需求的研发相对不足，进而导致北京研发成果的供给与河北实际技术需求的错位。河北的金属冶炼是优势产业，但更多的联系地区主要是浙江、广东、重庆、陕西等，制约着京津冀产业链与创新链融合。

（三）承接转移产业尚未成规模

一是产业转移衔接制度亟待完善。京津企业转入冀时，高技术企业资质需要重新认证，企业金融、纳税等信用评级跨省互认机制尚未建立。

二是京津转移冀的高端产业相对较少，科技成果转化型企业、企业总部和产业的高端制造环节转移相对较少。

三是能够引领带动河北区域发展的产业偏少，京津转移产业大多布局分散，辐射带动能力偏弱，大部分产业尚不能够对区域整体发展形成强有力的带动作用。

四是产业转移区域分成机制尚需优化，政府主导由京津向冀转移的产业，尤其是规模体量大、对河北产业升级作用明显的企业，大多存在迁出地与河北税收区域分成，但项目建设硬性约束条件，如土地、环保、能源消耗等指标还未实现在区域间的统筹考虑，导致部分迁出企业回流至京津。

未来，河北应立足将地缘优势转化为创新优势，助推产业升级转型。建设环京津协同创新增长带，打造雄安新区和张北地区科技创新增长极，推动创新资源向城市、高新区和创新型县域聚集，形成一大批创新型产业集群，构建"点线面结合、县市区联动"的区域协同创新体系。

5.4 小结

（一）三地仍在单打独斗

与长三角和珠三角相比，京津冀钢铁、化工等重化工占比较高，尽管三地都有志于发展新兴产业，但在规划布局中仍存在"单打独斗""各自为战"现象，尚未站在京津冀全局统筹产业布局、资源利用，导致产业结构低层次重复，产业环节缺失较多。

（二）城市群等级不合理

京津冀内部大城市过大、中等城市发育不良、小城镇过小的问题突出，直接导致京津的产业链因为找不到适宜的发展环境而无法向周边地区扩散，进而导致河北各市与京津两地在发展上相互脱节，区域差距持续扩大。

（三）京津冀同城效应较弱

三地产业布局统筹水平和要素共享水平较低，医疗、教育、就业、金融等政策和服务存在较大差异；人才、技术、资金等要素有序流动障碍明显；节能环保、资质认定、企业扶持等方面政策不一致。

第六章　京津冀协同创新多维测度及空间网络联系实证分析

区域协同创新是区域协同发展的高级阶段，是新时代区域协同发展的表现形式。本章基于京津冀 3 个主体创新资源的细分数据，利用熵值法、社会网络分析方法和区位熵等 3 种方法相结合，从微观省份内部、中观城市群和宏观城市群之间 3 个维度，测度京津冀协同创新现状和分析空间联系网络。结果发现，在三地各省份内部，普遍存在创新资源分布不均衡、协同创新水平差距较大的现象；区域间协同创新网络尚未充分建立；对比国内三大世界级城市群，京津冀属于研发推动源发型科技创新体系，立体呈现了京津冀协同创新现状，为区域创新政策的制定奠定了基础。

京津冀协同创新是京津冀协同发展的核心命题和关键任务，而摸清京津冀协同创新现状和空间联系网络特征，是推进协同创新的先决条件。然而，虽然已有较多京津冀协同创新水平测度相关的研究成果，但是，大部分研究均将京津两大直辖市与河北 11 地市直接比较，既缺乏对北京、天津内部各区的研究，又缺乏时空比较研究，即研究区域创新协同不同阶段的纵向变化和与同等地位的其他区域的横向比较。要弥补以往研究的缺失，面临着数据难以分割、收集，且难以用单一的方法处理，更不容易将分析结果呈现等一系列问题。本章尝试从微观、中观和宏观 3 个维度，基于多年细分数据，利用熵值法、社会网络分析方法和区位熵相结合的方法，并将分析结果借助 ArcGIS 软件形象呈现，来综合研究京津冀协同创新水平问题，以期对京津冀协同创新的水平有一个精准画像，为创新政策的制定提供依据。

6.1 相关研究评述

6.1.1 区域协同创新测度及评价指标体系构建

伴随着区域一体化和知识经济的兴起，对区域协同创新的探讨备受学者们青睐。学者们普遍认为，区域协同创新是区域协同发展的核心。国外学者对区域协同创新能力研究较早，相继发布的《国际竞争力》《奥斯陆手册2018：创新数据收集、报告、使用指南》《欧洲创新记分牌》等报告确立指标评价体系。Cooke[1]通过对区域创新能力的实证研究发现，科研体制、教育体制和技术转移的影响作用较为明显。在研究方法方面，Leydesdorff等[2]运用三螺旋模型，从信息流动的角度测度了德国制造业的协同创新水平。鲁继通[3]运用复合系统协同度模型测度了2008—2013年京津冀区域协同创新有序度，发现北京的区域协同创新能力最强，天津其次，河北最弱。在指标体系构建方面，龚勤林等[4]从基础创新和协同创新出发，基于创新环境、创新投入、创新成果、区域协同和主体协同5个方面构建成渝双城经济圈协同创新评价指标体系。祝尔娟等[5]从协同基础、协同行动、协同成效和协同环境4个方面构建了评价指标体系。

---

① COOKE P. Introduction：origins of the conception ［M］. London：UCL Press，1998：2-25.

② LEYDESDORFF L，FRITSCH M. Measuring the knowledge base of regional innovation systems in Germany in terms of a triple helix dynamics［J］. Research policy，2006，35（10）：1538-1553.

③ 鲁继通. 京津冀区域协同创新能力测度与评价：基于复合系统协同度模型［J］. 科技管理研究，2015，35（24）：165-170，176.

④ 龚勤林，宋明蔚，韩腾飞. 成渝地区双城经济圈协同创新水平测度及空间联系网络演化研究［J］. 软科学，2002（5）：28-37.

⑤ 祝尔娟，何晶彦. 京津冀协同创新水平测度与提升路径研究［J］. 河北学刊，2020，40（2）：137-144.

6.1.2　关于区域协同创新空间联系网络的研究

盖文启[①]认为创新网络是在一定区域内，各行为主体在协同创新中彼此建立相对稳定的正式和非正式关系的总和。Meijers[②]指出，都市圈协同创新体系是由结点（企业、科研究、高校）、结点之间的链接（基础组织、关系网络、纽带）、要素流动（人才、物质、信息、资本）和网点所构成。Nieto等[③]根据创新主体的不同（企业、高校、研究机构和消费者等），探讨了不同类型的协同创新模式及其特点。Asheim等认为差异化知识基础概念是构建区域优势的关键理论要素，创新不但基于对分析型（基于科学的）知识的探索和开发，还基于综合型（基于工程的）知识和符号型（基于艺术的）知识。也有学者如Boschma[④]研究发现，随着信息化技术的发展，地理邻近性作为影响区际创新联系的因素之一，仅是创新溢出的必要条件，且其重要性正在弱化，创新扩散越来越多地受到技术邻近性和制度邻近性等相关因素的影响。

6.1.3　针对城市群等特定区域的协同创新的研究

西方研究主要基于区域创新体系学派理论，研究发现，西方的市场化程度较高，创新网络比较发达，区域协同发展处在更高级的阶段，同我国的发展情况存在较大差异。我国城市群协同创新研究主要集中在京津冀、长三角、粤港澳及成渝地区，其中京津冀、长三角和粤港澳大湾区三大城市群，正逐步发展成为对东亚、对世界经济有明显影响的世界级城市群[⑤]。这些地区经历"强核""外溢""布网"阶段，正在面临带动区域协

① 盖文启.创新网络：区域经济发展新思维［M］.北京：北京大学出版社，2002.

② MEIJERS E. Polycentric urban regions and the quest for synergy：is a network of cities more than the sum of the parts［J］. Urban studies，2005，42（4）：765–781.

③ NIETO M J，SANTAMARIA L. The importance of diverse collaborative networks for the novelty of product innovation［J］.Technovation，2007，27（6）：367–377.

④ BOSCHMA R A. Proximity and innovation：a critical assessment［J］.Regional studies，2005，39（1）：61–74.

⑤ 赵成伟.区域协同发展视角下首都人口疏解作用路径及效果研究［D］.北京：北京邮电大学，2019.

调发展的艰巨任务。陆大道[①]认为，在新的全球化和信息技术的支撑下，世界经济"地点空间"被"流的空间"所代替的直接结果是，塑造了对于世界经济发展至关重要的"门户城市"，即各种"流"的汇集地、联结区域和世界经济体系的阶段。赵成伟等[②]基于京津冀协同发展的目标，评价了首都人口疏解的成效。胡悦等[③]、毕娟[④]、孙瑜康等[⑤]、杜勇宏等[⑥]分别研究了京津冀协同创新的创新网络结构、影响因素、协同创新水平度量、提升路径等问题。李晓琳等[⑦]认为京津冀地区目前整体创新水平较低，区域协作以政府主导为主，创新资源共享不足，创新链与产业链对接不充分、区域创新合作机制尚未建立，协同创新的合力有待加强。

6.2 京津冀协同创新水平的测度分析

6.2.1 指标构建与指标选取

区域协同创新是当前区域发展中应用很广泛的理念，是区域协同发展的高级阶段，是知识经济时代区域协同的新形式[⑧]。孙瑜康等认为区域协同

① 陆大道.京津冀城市群功能定位及协同发展［J］.地理科学进展，2015，34（3）：265-270.

② 赵成伟，孙启明，王砚羽.北京核心区人口疏解效果评价研究［J］.北京邮电大学学报（社会科学版），2017，19（6）：84-90.

③ 胡悦，马静，李雪燕.京津冀城市群创新网络结构演化及驱动机制研究［J］.科技进步与对策，2020，37（13）：37-44.

④ 毕娟.京津冀科技协同创新影响因素研究［J］.科技进步与对策，2016，33（8）：49-54.

⑤ 孙瑜康，李国平.京津冀协同创新水平评价及提升对策研究［J］.地理科学进展，2017，36（1）：78-86.

⑥ 杜勇宏，王汝芳.基于研发枢纽—网络的京津冀协同创新效果分析［J］.中国流通经济，2021，35（5）：85-97.

⑦ 李晓琳，李星坛.高水平推动京津冀协同创新体系建设［J］.宏观经济管理，2022（1）：60-67.

⑧ 国子健，钟睿，朱凯.协同创新视角下的区域创新走廊：构建逻辑与要素配置［J］.城市发展研究，2020，27（2）：8-15.

创新是指一定区域内不同地区和主体通过协调相互之间的创新要素规模、结构、布局和流动，实现地区之间协调发展、地区间差距日益缩小和区域整体创新水平提高，并从基础研究水平和协同创新水平2个维度构建京津冀协同创新指标体系。基于此，本小节从创新基础研究水平和协同创新水平2个方面构建指标体系。基础研究水平，一般理解，创新是科技与经济的协同，而科技包括科学研究和技术创新，所以本小节从科学研究网络、技术创新网络和产业发展网络角度来分析京津冀协同创新网络基础研究水平，从一定逻辑上也代表着创新投入和创新产出的过程。所以，又从创新环境、科学研究、技术创新和产业创新4个二级指标来说明。针对区域协同水平，区域创新体系理论认为不同地区、不同主体依托特有的经济、制度和文化网络形成的联系密切、分工合作的区域性组织体系，该体系能促进知识快速扩散和创新的不断产生[①]，故从区域协同创新、主体协同创新2个二级指标，用于衡量不同地区和主体间的创新协作水平。在此基础上又进一步建立了三级指标，本研究所用指标通过了自相关检验（表6-1）。

表6-1　京津冀区域协同创新能力指标体系

目标层	一级指标	二级指标	三级指标
协同创新综合水平	基础研究水平	创新环境	R&D 经费支出/万元
			外商直接投资总额/万美元
			人均 GDP/（元/人）
			人均拥有公共图书馆藏量/册
		科学研究	科技论文发表数/篇
			课题数/项
		技术创新	国内申请专利数/件
			有 R&D 活动的企业数/个

① COOKE P. Regional innovation system: general findings and some new evidence from biotechnology clusters [J]. Journal of technology transfer, 1992, 27: 133–145.

续表

目标层	一级指标	二级指标	三级指标
协同创新综合水平	基础研究水平	产业创新	高技术产业主营业务收入/亿元
			工业企业新产品销售收入/亿元
	协同创新水平	区域协同创新	技术输出地域合同金额/亿元
			技术流向地域合同金额/亿元
			跨区域合作申请专利数/个
			跨区域合作发表论文数/篇
		主体协同创新	专利所有权转让及许可收入/万元
			研发机构研发经费内部支出中企业投入占比/%
			高等学校研发经费内部支出中企业投入占比/%

6.2.2 研究对象及数据来源

（一）研究对象范围

根据国家相关文件，本小节将京津冀地区的空间范围限定为北京、天津两大直辖市和河北省全域。考虑到无论创新资源体量，还是行政级别，北京、天津与河北各地市均不在同一层次，为进一步细化研究，本小节将北京市的 16 区、天津市的 16 区与河北省 11 个地级市视为同级研究单元，所以，研究样本共计 43 个单元。需要说明的是，河北省 2 个省直辖县级市辛集、定州的相关数据分别计入石家庄和保定，雄安新区的相关数据也计入保定。虽然河南省安阳市纳入《"十三五"时期京津冀国民经济和社会发展规划》，为方便研究，未将其纳入本小节研究范围。

（二）数据来源及相关说明

本研究主要数据来自 2015 年和 2020 年的《北京科技统计年鉴》《天津科技统计年鉴》《河北科技统计年鉴》，部分指标数据来源于 2015 年和 2019 年的《中国城市统计年鉴》与《2019 年北京技术市场统计年报》及京津冀三地统计年鉴。此外，跨区域合作申请专利数通过国家专利局的中国专利数据库进行手动筛选获取，跨区域合作发表论文数通过 Web of Science（WOS）官网获得。由于北京、天津各区科创资源体量非常大，为了提高研究的精准度，将两地数据再细分到区，无法获取的数据根据总值做了均值处理，部分年份缺失数据做了平滑处理。

在数据年份选用方面，考虑到数据可获得性及准确性，同时，根据政策梳理发现，自 2014 年开始，京津冀协同发展进入实质性推进阶段，且 2020 年数据受新冠肺炎疫情影响波动较大，不宜作为终期面板数据，故本研究将考察期定为 2014—2019 年。根据 2 个重要时间节点，将考察的主要年份定为 2012 年和 2019 年。

6.2.3 协同创新水平测度分析

熵权法属于确定指标体系各项指标权重的常用方法，属于客观赋权法，即根据指标变异性的大小确定评价指标体系权重，本小节选择此方法来确定权重和协同创新水平。通常来讲，某个指标的信息熵越小，表明该指标变异程度越大，所能提供的信息量就越多，在综合评价中所能起到的作用也越大，其权重也就越大，相反，指标权重也就越小。

（一）对指标数据标准化处理

由于本研究所涉及指标均为正向指标，故采用以下公式进行处理：

$$a_{ij} = \frac{D_{ij} - \min(D_{ij})}{\max(D_{ij}) - \min(D_{ij})}, \quad (6.1)$$

其中，a_{ij} 表示标准化处理后的第 i 个地区的第 j 个指标；D_{ij} 表示标准化处理前的第 i 个地区的第 j 个指标。

（二）求各指标的熵权

在得到标准化的矩阵之后，确定各指标熵值 H_j：

$$H_j = -e \sum_{i=1}^{n} b_{ij} \ln(b_{ij}), \quad (6.2)$$

其中，$e = 1/\ln n$；$b_{ij} = a_{ij} / \sum_{i=1}^{n} a_{ij}$；$n$ 为地区总个数。

在此基础上，计算各个指标的熵权：

$$W_j = \frac{1-H_j}{m - \sum\limits_{j=1}^{n} H_j}, \qquad (6.3)$$

其中，m 为指标个数。

（三）计算各子系统的得分

具体公式如下：

$$P_i = \sum\limits_{j=1}^{q} a_{ij} w_j, \qquad (6.4)$$

其中，q 为某子系统中指标的个数。

依次计算 2014 年和 2019 年 2 年的数据，得出各二级指标和一级指标的权重和得分，并对一级指标加权求和得到京津冀协同创新指数（表 6-2、表 6-3）。需要指出的是，由于 2 年的权重差值不大，因此选择 2019 年的熵权作为标准。

表 6-2　2014 年和 2019 年京津冀协同创新指数

指标	2014 年				2019 年			
	京	津	冀	京津冀	京	津	冀	京津冀
综合创新水平	0.385	0.279	0.092	0.756	0.729	0.497	0.293	1.363
创新环境	0.135	0.141	0.033	0.309	0.145	0.144	0.059	0.348
科学研究	0.089	0.038	0.009	0.136	0.221	0.155	0.101	0.447
技术创新	0.092	0.042	0.011	0.145	0.282	0.124	0.062	0.468
产业创新	0.069	0.058	0.039	0.166	0.081	0.074	0.071	0.226
协同创新水平	0.256	0.099	0.017	0.372	0.259	0.122	0.021	0.402
主体间协同	0.105	0.061	0.014	0.18	0.086	0.056	0.009	0.151
区域间协同	0.151	0.038	0.003	0.192	0.173	0.066	0.012	0.251
综合创新指数	1.138				1.765			

表 6-3　京津冀细分单元协同创新指数

区域	2014 年	2019 年	区域	2014 年	2019 年	区域	2014 年	2019 年
京	0.641	0.988	津	0.378	0.619	冀	0.109	0.314
东城	0.046	0.067	和平	0.011	0.018	石家庄	0.028	0.074
西城	0.054	0.079	河东	0.012	0.019	唐山	0.019	0.049
朝阳	0.148	0.202	河西	0.009	0.015	秦皇岛	0.003	0.009
丰台	0.017	0.023	南开	0.025	0.035	邯郸	0.001	0.003
石景山	0.023	0.030	河北	0.013	0.021	邢台	0.001	0.003
海淀	0.302	0.489	红桥	0.008	0.015	保定	0.017	0.044
门头沟	0.001	0.001	东丽	0.023	0.036	张家口	0.007	0.024
房山	0.003	0.004	西青	0.054	0.088	承德	0.008	0.023
通州	0.013	0.021	津南	0.019	0.029	沧州	0.009	0.031
顺义	0.005	0.007	北辰	0.021	0.032	廊坊	0.015	0.051
昌平	0.011	0.018	武清	0.051	0.099	衡水	0.001	0.003
大兴	0.013	0.029	宝坻	0.014	0.022			
怀柔	0.001	0.007	滨海	0.102	0.167			
平谷	0.001	0.001	宁河	0.002	0.004			
密云	0.001	0.001	静海	0.013	0.017			
延庆	0.002	0.009	蓟州	0.001	0.002			

由表 6-2 可知，得益于三地创新投入的加大，综合创新水平有了较大提高。但是，三地协同创新水平仍然徘徊在较低水平，尤其是主体间的协调创新水平处于下降趋势。这可能是由于京津冀协同发展上升为国家战略后，三地政府加大了跨区域平台的建设，但是三地之间的创新资源流动的壁垒仍然大范围存在，各创新主体间的合作仍然受到较强的掣肘。

由表 6-3 可知，京津冀三地内部最大特征的协同创新水平极不均衡。北京创新高地主要集中在海淀、朝阳，并有进一步集聚的趋势，两区的创新水平增长速度远高于全市平均值。以专利申请量为例，海淀是延庆的约 166 倍（图 6-1）。通州和大兴分别受城市副中心、北京经济开发区发展的影响而呈现较好发展势头。五大生态涵养区协同创新水平基本都维持在 0.001 的水平，受核心区域的虹吸效益更为明显。天津的区域创新差距较京冀两地较小，但是整体发展速度并不快，滨海、西青和武清发展势头最猛。其中，滨海靠沿海经济，西青靠天津整体发展带动，武清靠北京带动。河北创新水平较高的地区主要集中在省会城市和京津毗邻城市，虽然南部地区发展极其缓慢，但是河北整体创新发展速度较快。尤其值得注意的是，廊坊的发展速度惊人，依托其地理位置优势，协同发展水平居河北省第二位。

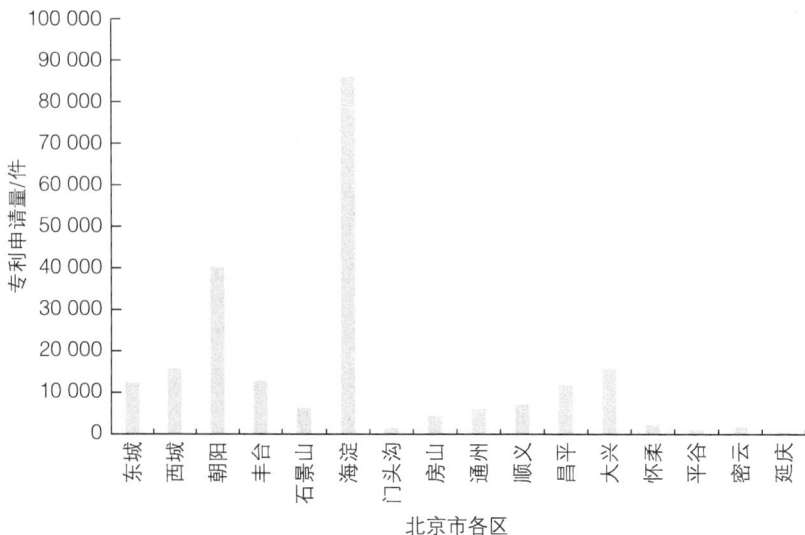

图 6-1　2019 年北京市各区专利申请量

6.3　京津冀协同创新空间联系网络分析

城市间的经济流的强度最能反映城市间的密切联系程度，表示中心城市对周边城镇的经济辐射力和周边城镇对中心城市辐射力的接受能力。城市间经济联系强度的大小也反映出城市之间经济流的频繁程度。Reilly

最早于 1929 年将万有引力应用到经济学领域，城市联系强度是城市间空间相互作用力大小的表征，遵循距离衰减规律，可借用引力模型来衡量，即牛顿万有引力公式，构建经济联系强度模型，综合考虑人口数量、地区生产总值和城市间距离 3 个因素进行分析。本节采用修正引力模型测算京津冀协同创新空间联系度（R_{ij} 和 R_i），计算方法如式（6.5）和式（6.6）所示。

$$R_{ij} = K_{ij} \frac{C_i C_j}{d_{ij}^2}, \tag{6.5}$$

$$R_i = \sum_{j=1}^{n} R_{ij}, \tag{6.6}$$

其中，R_{ij} 表示城市 i 与城市 j 之间的协同创新联系强度，为便于后续数据处理，此强度值为熵值法测算的协同创新水平得分均乘 10^4；K_{ij} 为修正经验常数，为某城市协同创新水平得分占两城市得分之和的比重，计算方式为：

$$K_{ij} = \frac{C_i}{C_i + C_j},$$

其中，C_i 为经熵值法计算得到的 i 城市协同创新水平，C_j 以此类推；D_{ij} 为 i 与 j 城市政府驻地的直线距离；R_i 表示 i 城市的对外协同创新联系总量。

社会网络分析法为区域创新网络空间关联的研究提供了包括网络密度、中心度分析、凝聚子群分析在内的系列指标，本节主要从整体网络特征、个体网络特征与网络结构特征 3 个维度进行考查分析（表 6-4）。本节以修正引力模型测算的京津冀协同创新关联矩阵为基础，选取 2014 年协同创新关联矩阵引力值均值为截断数据，构造京津冀协同创新空间关联的 0—1 非对称矩阵，并导入 UCINET 软件从整体网络、个体网络和凝聚子群分析 2014 年与 2019 年京津冀协调创新网络空间关联特征。

表 6-4　社会网络分析测度指标及其含义

维度	指标	含义
整体网络分析	网络密度	反映整体网络的联系紧密程度，值越大则联系越紧密
	聚类系数	反映网络整体的聚集情况，值越大则凝聚力越大
	中心势	反映整体网络对于核心节点的依赖度，值越大则越不均匀，中心位置被少数节点控制；此外还有出度中心势和入度中心势，分别表示输出能力和吸引力大小
个体网络分析	度数中心度	反映节点在网络中的地位，值越大地位越高；此外还有出度中心度和入度中心度分别表示输出与输入的大小
	接近中心度	反映节点在网络中的自主性，值越大则自主性越好；此外还有出度中心度和入度中心度，分别表示对外输出和对内输入中的自主性大小
	中介中心度	反映节点对于网络中其他节点及资源的控制能力，值越大控制能力越强
网络结构特征	凝聚子群	反映网络内各节点的内在关联和组团情况

6.3.1　整体网络特征分析

2014—2019 年，京津冀协同创新实际关系总量、网络密度、中心势和出度中心势增长近一倍，聚类系数和入度中心势也有所增加，但关系总量、网络密度等仍处于较低水平（表 6-5），说明协同创新网络关系不断拓展，紧密度、凝聚力都不断提升的同时，创新输出能力在增强，但整体协同创新水平仍不高，创新网络较为分散、内部联系不够紧密。

表 6-5　2014 年和 2019 年京津冀协同创新整体网络特征

年份	关系总量	网络密度	聚类系数	中心势	出度中心势	入度中心势
2014	89	0.049	0.664	0.232	0.242	0.145
2019	159	0.088	0.743	0.381	0.397	0.178

为进一步分析京津冀协同创新网络密度的稳定性，本小节测算了不同截断阈值下 2019 年京津冀协同创新联系矩阵的网络密度变化情况（表 6-6）。当截断阈值为 1 时，整体网络密度为 0.518，关系总量为 935，反映此时网络紧密程度较高。当截断阈值提高到 243.617（均值）时，网络密度和关系总量分别下降至 0.053 和 96，说明京津冀协同创新网络密度稳定性不高，内部城市间创新水平断层现象严重，协同创新处于较低水平。

表 6-6　不同截断阈值下协同创新整体网络特征

截断阈值	≥ 1	≥ 3	≥ 5	≥ 10	≥ 30	≥ 50	≥ 100	≥ 243.617	≥ 300
网络密度	0.518	0.363	0.299	0.218	0.152	0.123	0.091	0.053	0.045
关系总量	935	655	540	394	275	222	165	96	81

6.3.2　个体网络特征分析

中心度用于衡量节点在网络结构中地位的重要指标，一般包括度数中心度、接近中心度和中介中心度。从度数中心度看，2014 年北京海淀区和天津西青区、南开区一直处于核心地位；大部分区（地市）度数中心度有所提升，2019 年北京朝阳区和天津武清区超过天津南开区，网络地位涨幅明显的还有天津滨海新区、北辰区、红桥区。从接近中心度看，各区（地市）的接近中心度都呈现不同幅度下降，说明各区（地市）自主性不断下降，协同性不断增强。从中介中心度看，北京海淀区具有绝对优势，承担着协同创新网络"桥梁"作用，且呈现大幅增加特征，而天津西青区在网络中的控制作用在减弱（表 6-7）。

表 6-7　2014 年和 2019 年京津冀协同创新中心度特征

省（市）	区（地市）	度数中心度		接近中心度		中介中心度	
		2014 年	2019 年	2014 年	2019 年	2014 年	2019 年
北京市	海淀区	12.0	20.0	155.0	92.0	147.5	213.7
天津市	西青区	10.0	15.0	155.0	97.0	106.7	69.9

省（市）	区（地市）	度数中心度		接近中心度		中介中心度	
		2014 年	2019 年	2014 年	2019 年	2014 年	2019 年
天津市	武清区	4.0	13.0	163.0	99.0	11.0	29.7
北京市	朝阳区	7.0	12.0	170.0	100.0	3.5	40.2
天津市	南开区	9.0	11.0	166.0	101.0	7.7	14.7
天津市	东丽区	7.0	11.0	167.0	114.0	40.0	2.9
天津市	北辰区	5.0	11.0	172.0	101.0	0.7	14.7
天津市	滨海新区	2.0	11.0	186.0	101.0	21.0	19.7
天津市	和平区	6.0	10.0	169.0	115.0	0.0	0.1
天津市	河东区	6.0	10.0	169.0	115.0	0.0	0.1
天津市	河西区	6.0	10.0	169.0	115.0	0.0	0.1
天津市	河北区	8.0	10.0	167.0	115.0	4.0	0.1
天津市	红桥区	4.0	9.0	173.0	116.0	0.0	0.0
北京市	东城区	5.0	7.0	172.0	113.0	0.0	0.9
北京市	西城区	6.0	7.0	171.0	113.0	1.0	0.9
北京市	丰台区	5.0	6.0	172.0	114.0	0.0	0.2
北京市	石景山区	5.0	5.0	172.0	115.0	0.0	0.0
北京市	大兴区	3.0	5.0	174.0	115.0	0.0	0.0
北京市	通州区	2.0	4.0	175.0	116.0	0.0	0.0
河北省	廊坊市	1.0	4.0	176.0	108.0	0.0	0.0
天津市	津南区	1.0	3.0	207.0	122.0	0.0	0.0
北京市	顺义区	1.0	2.0	176.0	118.0	0.0	0.0
北京市	昌平区	1.0	2.0	176.0	118.0	0.0	0.0
北京市	门头沟区	0.0	1.0	252.0	119.0	0.0	0.0
北京市	房山区	0.0	1.0	252.0	119.0	0.0	0.0

续表

省（市）	区（地市）	度数中心度		接近中心度		中介中心度	
		2014 年	2019 年	2014 年	2019 年	2014 年	2019 年
北京市	怀柔区	0.0	1.0	252.0	119.0	0.0	0.0
北京市	延庆区	0.0	1.0	252.0	119.0	0.0	0.0
天津市	宝坻区	0.0	1.0	252.0	119.0	0.0	0.0
天津市	静海区	0.0	1.0	252.0	124.0	0.0	0.0
北京市	平谷区	0.0	0.0	252.0	168.0	0.0	0.0
北京市	密云区	0.0	0.0	252.0	168.0	0.0	0.0
天津市	宁河区	0.0	0.0	252.0	168.0	0.0	0.0
天津市	蓟州区	0.0	0.0	252.0	168.0	0.0	0.0
河北省	石家庄市	0.0	0.0	252.0	168.0	0.0	0.0
河北省	唐山市	0.0	0.0	252.0	168.0	0.0	0.0
河北省	秦皇岛市	0.0	0.0	252.0	168.0	0.0	0.0
河北省	邯郸市	0.0	0.0	252.0	168.0	0.0	0.0
河北省	邢台市	0.0	0.0	252.0	168.0	0.0	0.0
河北省	保定市	0.0	0.0	252.0	168.0	0.0	0.0
河北省	张家口市	0.0	0.0	252.0	168.0	0.0	0.0
河北省	承德市	0.0	0.0	252.0	168.0	0.0	0.0
河北省	沧州市	0.0	0.0	252.0	168.0	0.0	0.0
河北省	衡水市	0.0	0.0	252.0	168.0	0.0	0.0

注：按 2019 年度中心度数据高低依次排序。

进一步通过入度和出度分析城市个体在协同创新网络中影响力大小。从度数中心度看，北京海淀区和天津西青区出度中心度持续稳定在前 2 位，是京津冀地区的创新策源地；2019 年，北京朝阳区和天津武清区、滨海新区超过天津南开区进入前五名创新策源地；天津其他市区 2019 年入度中心度较高，说明它们在自主创新的同时更多向创新策源地寻求协同创新（表 6-8）。从接近中心度看，区（地市）的平均入度中心度略高于平均出度中心度，且平均入度中心度上升而平均出度中心度下降，说明京津冀协同创新输入自主性强于输出自主性，且这种差距有所扩大。

表 6-8　2014 年和 2019 年京津冀协同创新入度和出度中心度特征

| 市 | 区（地市） | 度数中心度 | | | | 接近中心度 | | | |
| | | 2014 年 | | 2019 年 | | 2014 年 | | 2019 年 | |
		入度	出度	入度	出度	入度	出度	入度	出度
北京市	海淀区	5	12	5	20	190	138	214	134
天津市	西青区	4	9	9	13	160	174	190	160
天津市	武清区	2	3	7	12	169	180	193	147
北京市	朝阳区	4	7	7	12	191	151	200	142
天津市	南开区	8	8	11	9	159	175	189	164
天津市	东丽区	4	5	10	9	163	179	194	179
天津市	北辰区	5	4	10	9	163	179	190	164
天津市	滨海新区	0	2	3	10	210	180	201	163
天津市	和平区	6	4	10	7	161	180	194	184
天津市	河东区	6	5	10	7	161	179	194	184
天津市	河西区	6	3	10	6	161	183	194	185
天津市	河北区	8	6	10	8	159	178	194	180
天津市	红桥区	4	3	9	7	164	181	195	181
北京市	东城区	4	5	5	7	191	153	214	155
北京市	西城区	5	6	6	7	190	152	213	155

注：仅展示 2019 年度数中心度排名居前 15 位的节点区（地市）。

6.3.3 凝聚子群分析

根据创新网络各节点的相似属性和联系紧密程度将整体网络划分为若干子群。通过 UCINET 软件中交互（Interactive）识别的方式将京津冀协同创新网络划分为 5 个子群（表 6-9）。子群一是以北京海淀区为核心的联系紧密且创新活跃的北京核心城区；子群二是北京其他联系松散的市区，以及距离较近的河北廊坊市；子群三是联系紧密的天津核心城区；子群四是以滨海新区、西青区等为代表的天津边缘城区；子群五是联系相对较弱的河北地市为主，以及部分北京、天津边缘城区。

与 2014 年相比，2019 年子群呈现如下特征：以北京核心城区为核心的子群不断扩展，纳入了北京周边区（地市）；以北京周边城区为主构成的子群向河北扩展；以天津核心城区为主的子群向边缘城区扩展；天津边缘城区子群略有调整，凝聚了天津创新活力较高的大部分区域；以河北地市为代表的联系较弱的子群有所缩小。

表 6-9　京津冀协同创新空间联系网络凝聚子群分区情况

年份	子群一	子群二	子群三	子群四	子群五
2014	东城区、西城区、朝阳区、丰台区、石景山区、海淀区	通州区、顺义区、昌平区、大兴区、廊坊市	和平区、河东区、河西区、南开区、河北区、红桥区、东丽区	西青区、北辰区、武清区、滨海新区	门头沟区、房山区、怀柔区、平谷区、密云区、延庆区、津南区、宝坻区、宁河区、静海区、蓟州区、石家庄市、唐山市、秦皇岛市、邯郸市、邢台市、保定市、张家口市、承德市、沧州市、衡水市
2019	东城区、西城区、朝阳区、丰台区、石景山区、海淀区、通州区、顺义区、昌平区、大兴区	门头沟区、房山区、怀柔区、延庆区、宝坻区、廊坊市	和平区、河东区、河西区、河北区、红桥区、东丽区、津南区、静海区	南开区、西青区、北辰区、武清区、滨海新区	平谷区、密云区、宁河区、蓟州区、石家庄市、唐山市、秦皇岛市、邯郸市、邢台市、保定市、张家口市、承德市、沧州市、衡水市

表 6-10 为 2014 年和 2019 年各子群的密度矩阵，反映了京津冀协同创新之间的内在联系。结果显示，2014 年创新能力较强的子群一内部联系紧密，但与其他子群联系相对较弱，主要为距离相近的子群二和子群四；2019 年子群一强内部联系，以及与子群二的联系显著降低，与子群四的联系不断提升；2014 年子群三内部联系也很大，2019 年有所降低，而子群四正好相反；子群三与子群四之间的联系较强，且有不断增强趋势；子群二、子群五的内部联系较弱，与其他区域的联系也不强。

表 6-10　2014 年和 2019 年京津冀城市群协同创新空间联系网络子群密度矩阵

	子群一	子群二	子群三	子群四	子群五
子群一	0.9000/0.5111	0.2667/0.1167	0.0000/0.0000	0.0833/0.1400	0.0000/0.0000
子群二	0.0000/0.0000	0.0000/0.0000	0.0000/0.0000	0.0000/0.0333	0.0000/0.0000
子群三	0.0000/0.0000	0.0000/0.0000	0.7143/0.5536	0.1429/0.3500	0.0000/0.0000
子群四	0.0000/0.0200	0.0000/0.0667	0.4286/0.8000	0.4167/0.9000	0.0119/0.000
子群五	0.0000/0.0000	0.0000/0.0000	0.0000/0.0000	0.0000/0.0000	0.0000/0.0000

注：表格中依次为 2014 年/2019 年分析结果。

6.4　京津冀协同创新时空分析

6.4.1　京津冀协同创新演进情况的纵向比较分析

为便于直观观察，本文运用 ArcGIS 软件将基于引力模型计算的结果及社会网络分析的中心度结果投射到地图上，进行空间联系特征分析。

从京津冀协同创新联系看，地域差异较大，整体呈现"两极高、中部弱、周边低"的空间格局，以及"从两极逐步扩展、联系日趋增多"的变化特征。"两极"分别是北京海淀区、朝阳区，和天津西青区、南开区等；北京和天津之间呈现"接壤区洼地"；北京和天津与周边的河北地市之间联系不多；2014—2019 年，协同创新网络的节点及节点之间的联系都不断增多，且联系强度也不断增强；协同创新联系扩展仍以北京—天津为核心，且北京协同创新网络扩展更为明显。

从京津冀协同创新发展水平看，地域分布不均衡，"头部效应"突出，空间近邻效应明显。主要表现在：空间分布上呈现以"北京—天津"为双核心，向周边扩展的空间分布特征；"北京"核心的极化效应明显高于"天津"核心；京津冀协同创新发展水平整体呈现增长趋势，最低等级的地市从 2014 年的 13 个区（地市）减少为 2019 年的 9 个，分布范围上北部部分地市提升了发展等级。

从京津冀协同创新节点区（地市）看，重要节点区（地市）数量不断增多，中心度大于 8 的区（地市）由 2014 年的 3 个增长为 2019 年的 13 个，其中天津市增加了 9 个，说明北京创新极化效应明显，而天津区域创新发展更加均衡。

6.4.2　与长三角、粤港澳大湾区的横向比较分析

（一）方法选择

虽然很多学者从科学研究或者技术创新的角度来研究创新网络，并取得了一定的进展。然而，脱离产业的创新网络是没有根基的，不利于创新链与产业链的衔接。为探究京津冀、长三角和粤港澳大湾区 3 个世界城市群创新网络的异同，本小节基于前文构建的指标体系，从科学研究、技术创新和产业创新 3 个创新维度的指标数据开展比较研究。区位熵又称专业化率，反映某一产业部门的专业化程度，以及某一区域在全国的地位和作用等情况，是目前考查区域差距和区域发展不均衡的常用方法。

本小节借鉴赵成伟等[①]以地区人均 GDP 与全国人均 GDP 之比来衡量中国经济与人口分布不匹配度的计算方法，构建衡量三大城市群的不同创新维度与整体创新投入不匹配度的 R 指数和 M 指数，不仅考查单个区域某一创新维度分布的偏离，还考查 3 个世界级城市群创新维度分布的偏

---

① 赵成伟，孙启明. 京津冀人口与第三产业分布匹配研究：兼论影响首都人口疏解效果的因素 [J]. 求是学刊，2018，45（6）：53–60.

离。此外，因为区位熵并没有考虑被研究对象的规模因素影响，可能会产生某一区域的被研究对象体量很小，而地区总量体量也很小，导致区位熵很大，而实际上该地区并不存在被研究对象的集聚现象。但是，在本研究中，被研究的 3 个区域属于世界级城市群，科学研究、技术创新和产业创新的体量都非常大，故不存在上述现象。具体的计算方法如下：

$$LQ_{ij} = \frac{X_{ij} / \sum_j X_{ij}}{\sum_i X_{ij} / \sum_i \sum_j X_{ij}} = \frac{S_Y^i}{S_P^i}, \quad (6.7)$$

其中，$i=1$，2，3 代表三大城市群；$j=1$，2，3，4，5，6 代表 6 个创新指标。

$$M = \sum_j M_j = \sum_j \left| X_{ij} / \sum_j X_{ij} - \sum_i X_{ij} / \sum_i \sum_j X_{ij} \right| = \sum_j \left| S_Y^i - S_P^i \right|, \quad (6.8)$$

其中，LQ_{ij} 代表三大城市群地各创新指标的区域熵 R 指数；X_{ij} 代表第 i 城市群第 j 创新维度的相关指标；$\sum_j X_{ij}$ 代表三大城市群第 j 创新维度的指标总量；$\sum_j X_{ij}$ 代表 i 城市群所有创新维度的指标总量；$\sum_i \sum_j X_{ij}$ 代表三大城市群所有创新维度的指标总量；S_Y^i 代表 i 地区某一指标占该地区总体创新指标的比例；S_P^i 代表被研究所有区域的某一指标占该地区总体创新指标的比例。

R 指数可以描述某一地区人口和经济分布的偏离程度，值域为 $[0, \infty)$，越接近于 1，人口与经济的匹配度越好。当 R=1 时，人口与经济完全相匹配。M 指数表示空间整体的不匹配度，值域为 $[0, 2]$，M 越接近于 0 表示经济与人口的匹配程度越高，越靠近 2，不匹配度越高；当 M=0 时，表示经济和人口完全匹配，当 M=2 时，表明经济与人口完全不匹配，人口和经济完全集中在不同的地区。

（二）数据来源

本部分主要探究三大城市群创新网络的特征、处于创新链的位置。长三角用上海、浙江和江苏来代替，由于安徽省内地域范围较小，本研究忽略这一部分；粤港澳大湾区的相关数据不包含港澳地区，由于本研究关注的是比例，而不是绝对值，所以对结果影响不大。其中，科技论文发表数包括 SCI、Ei 和 CPCI-S 三类总和（表 6-11）。科学研究、技术创新和产业创新 3 个创新维度的指标数据单位虽然不同，但是做了标准化处理后，仅关注的同指标间的比例关系，所以对分析结果影响可以忽略。

表 6-11　三大世界级城市群及全国创新指标

城市群	科学研究		技术创新		产业创新	
	科技论文发表数/篇	课题数/项	国内申请专利数/件	有 R&D 活动的企业数/家	高技术产业主营业务收入/亿元	工业企业新产品销售收入/亿元
京津冀	158 334	177 259	423 433	4776	10 145	15 551
长三角	178 994	492 412	1 203 718	49 931	39 768	66 340
粤港澳	50 150	34 578	807 700	20 922	46 723	42 970
全国	772 662	2 032 436	4 195 140	129 198	158 849	212 060

（三）结果分析

本部分利用公式对京津冀、长三角和粤港澳大湾区 3 个世界城市群科学研究、技术创新和产业创新 3 个创新维度的指标数据匹配程度进行了计算，相应创新维度对应的 R 指数和 M 指数如表 6-12 和图 6-2 所示。

表 6-12　三大重点区域科技创新 R 指数和 M 指数

	R 指数			M 指数
	科学研究（R）	技术创新（R）	产业创新（R）	
京津冀	1.642	0.59	0.57	0.763
长三角	1.12	1.11	0.91	0.282
粤港澳	0.32	1.08	1.47	0.488
结构特点	点状结构	网状结构	条块结构	

科学研究　　技术创新　　产业创新　　—●— M指数

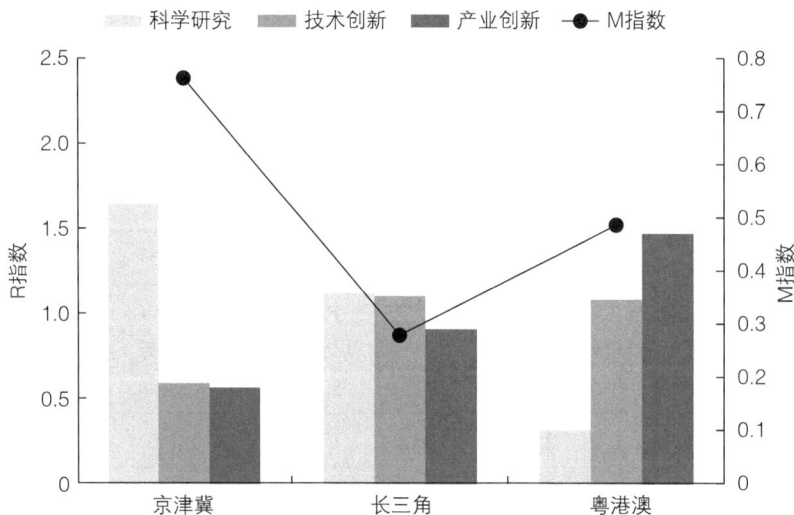

图 6-2　三大城市群不同创新维度情况比较

总体上看，京津冀 M 指数最大，说明总体匹配度最低，粤港澳次之，长三角的匹配度最高。从三大城市群的 R 指数来看，京津冀 3 个创新维度的指数都远离 1，尤其是科学研究，达到了 1.642，是所有指标之中不匹配程度最高的。北京集聚了大量国家实验室、国家重点实验室、国家工程研究中心、研究型大学、科技领军企业等国家重要科技创新资源，以全国面积的 0.17%，占据了全国科技创新资源的 1/3[①]，也能印证这一点。长三角是最为协调的，各个创新维度都在 1 附近。粤港澳科学研究维度较差，但是产业创新发展最好。京津冀呈现出科学研究体系优势明显、京津冀技术创新体系仅有局部优势、京津冀产业创新体系明显落后于其他 2 个区域。

6.5　结论与启示

本章将京津冀协同创新水平置于多个维度，并利用多种方法互为补充、相互结合进行研究，得出如下结论：

---

① 刘冬梅，赵成伟，冉美丽 . 新时期释放北京科创资源潜力的若干思考与建议：基于科创中心建设的视角［J］. 中国科技人才，2022（1）：1-7.

（1）京津冀三地内部各地区发展并不平衡

虹吸效应不但体现在各省市之间，在一省市内部亦有体现。北京的创新资源主要集聚在海淀、朝阳，天津主要集中在滨海新区、武清等地，而河北更是集中石家庄、保定和唐山。未来，北京应进一步强化非首都功能疏解，以产业疏解带动人口疏解[①]，治理"大城市病"，培育区域中心城市，充分发挥北京城市副中心和雄安新区的承接功能。发挥天津武清地理位置优势，推进环"京津雄"创新三角蔓延式发展。

（2）京津冀三地协同创新水平有较大程度提高，但是主体间协同能力仍然处于较低水平，总体协同创新水平仍有待提高

北京几乎所有的创新资源占到了京津冀总量的一半以上，在个别资源上占到了九成，各类体制机制壁垒严重阻碍创新要素自由流动，三地在前端科研水平和技术水平存在差距，在后端产业链上衔接不够，是三地创新能力存在较大差距的主要原因。未来，天津应做好发展定位，河北省必须抓住国家京津冀协同发展战略及雄安新区建设的战略机遇，努力通过产业结构转型升级，实现跨越式发展。

（3）与长三角、粤港澳大湾区两大世界级城市群相比，京津冀科研水平极强，处于创新链的前端

技术创新水平居中，北京绝大部分都流向南方城市，流向津冀的不足10%，对两地的创新辐射带动能力没有充分发挥。京津冀产业发展水平较差，科技创新效率不高，严重制约着京津冀协同创新水平的提高。未来，北京应发展高端服务业，建设近京科创产业带和科创产业协同创新高地，促进三地科技创新和产业协同发展，构筑"产业—创新"耦合高地。

---

① 赵成伟，刘冬梅，王砚羽.产业疏解对京津冀协同发展的作用路径及效果研究[J].经济与管理评论，2022（3）：53–66.

第七章 京津冀协同创新现状的定性分析

本章在前几章对京津冀协同创新现状实证分析的基础上，为进一步明确三地的协同创新的情况，从微观省份内部、中观城市群和宏观城市群之间 3 个维度，分析京津冀三地的协同创新现状，以求能为三地的协同创新情况精准画像。

7.1 京津冀三地内部各区（地市）之间发展并不均衡

7.1.1 北京地区发展情况

一是从北京市整体来看，在京津冀协同发展战略中，北京起到了领头羊的作用，目前已经成为国内创新资源最集聚、创新成果最多、创新创业最活跃的地区，对全球、国家和区域科技创新发展起到样板作用。然而，在疏解首都非核心职能过程中，人口限制政策和高生活成本带来的压力提高了北京实施创新发展战略的成本，从而降低了北京聚集创新发展要素的能力。而且，北京虹吸效应的存在不利于周边省市创新发展战略的实施。北京市得天独厚的政治、经济、文化科技优势，形成了产业聚集、产业规模和产业链缺乏转移梯度等现象，在区域发展中处于绝对优势地位，这导致了北京市与周边地区出现发展脱节、自我封闭的现象，拉大了北京与天津、河北之间的差距[①]。

---

① 王骏飞，姜颖，付明.京津冀区域协同创新机制构建［J］.商业经济研究，2020（1）：131–134.

二是从北京市各区看，科创资源主要集中在海淀、朝阳两区。由于通州发展城市副中心、北京经济开发区位于大兴区，所以这 2 个区发展势头不错，其他各区受两区虹吸效益更为明显，从一定程度上讲，北京乃至全国的许多科创资源都集中在了海淀、朝阳。

7.1.2 天津地区发展情况

从天津市整体来看，京津两地协同创新发展战略的实施取得了阶段性突破。尤其是双方政府在 2014 年签署了《共建滨海—中关村科技园合作框架协议》等六项协议，为两地协同创新发展营造了良好氛围。同时，在政策红利的推动下，天津市 GDP 增速加快，但产业结构不平衡，"高增长、高投入、高集聚"模式的问题日益突出，后续发展动力不足。公有经济占比过高和体制壁垒，已经成为天津市产业转型的两大瓶颈。

从天津市各区来看，发展势头迅猛的是滨海新区和武清区，呈现向背发展的势头。滨海新区是国家第二个批准的 19 个国家级新区之一，地处天津东南沿海，得益于天然港口优势，各项指标在天津各区遥遥领先。武清区位于天津的西北部，面积较大，紧邻北京，与北京有着较好的互动，再加上近些年天津的一些大学、研究机构和高新企业整体或部分陆续迁入，武清区整体发展较快。但是，天津创新发展的新两极却呈现相背发展的趋势，一定程度上会削弱发展的合力。

7.1.3 河北地区发展情况

从河北整体发展上看，在区位和自然资源方面，河北在京津冀经济圈中起着资源型区域的作用，这是河北无可替代的优势。这说明其已经形成了资源加工型工业经济结构。然而在经济总量、整体发展规模等方面，河北与北京、天津相比仍然存在较大差距，主要体现在以下几个方面：①河北的区域创新能力综合指标排名偏低；②当地企业缺乏高新技术的自主研发能力；③企业交叉融合程度低，经营方式粗放；④科研、培训经费不足，缺乏科技创新人才；⑤产学研结合松散，科技成果转化效率低。综上，河北创新发展基础薄弱，京津冀区域创新能力不平衡。

从河北各地市的发展上看，有限的科创资源主要集中在省会城市石家庄和保定、唐山，其次还有距离北京比较近的廊坊。以上四地市几乎占据了河北90%以上的科创资源，再加上地理位置遥远和自然资源环境限制，导致河北的其他地市在京津冀协同创新方面的贡献微乎其微。

7.2 京津冀之间尚未形成高水平协同创新网络

7.2.1 京津冀协同创新网络的现状

（一）在基础科学研究方面合作有限

从科技论文合作看，仍以京津、京冀两两之间的合作为主。2015—2021年，北京、天津、河北发表论文总量分别为733 766篇、126 812篇、64 064篇[①]。京津、京冀、津冀和京津冀合作发表的论文总量分别为22 715篇、16 479篇、4223篇和1133篇。京津合作论文占三地论文合作总量的51.0%，京津冀三地同时参与的论文数量仅占3%（表7-1）。北京与天津双核地位显著，是京津冀城市群基础研究的核心节点。

表7-1　2020年京津冀科学研究情况[②]

	北京	天津	河北
R&D经费投入/亿元	2326.6	485.0	634.4
R&D经费投入强度/%	6.4	3.4	1.8
科技论文数/万篇	12.69	2.30	1.21
主要领域	高端制造业	轻工业	钢铁相关产业
特点	重基础研究、全国领先	缺乏突出优势	研发趋于低端化

---

① 数据来源：Web of Science（WOS）信息平台。在WOS的高级检索界面，不限制语种和文献类型，选择WOS核心合集中的SCI-EXPANDED数据库和SSCI数据库，时间跨度设置为"2015—2021年"，并设置相应检索字段进行检索。
② 数据来源：2021年京津冀三地统计年鉴和政府工作报告。

从制造业研发投入细分领域看，三地差距甚大，关联度较低。北京研发投入体量和强度远高于津冀两地，主要集中在计算机、通信及其他电子设备制造业（71.7亿元），汽车制造业（39.1亿元），医药制造业（38.5亿元）等领域。天津规模以上企业 R&D 经费主要用于计算机，通信及其他电子设备制造业（33.9亿元），黑色金属冶炼与压延制造业（26.7亿元），金属制品业（20.7亿元），医药制造业（16.1亿元），分布比较平均、无特殊优势（合计全市占比 20.1%）。河北规模以上企业有 180.9 亿元的 R&D 经费用于黑色金属冶炼与压延制造业（全省占比 28.5%）。

从三地的创新供给和创新需求来看，以京冀的情况为例，调查显示，2020 年北京市创新成果供给前 3 位的行业是科学研究和技术服务业，制造业，信息传输、软件和信息技术服务业；而河北创新需求前 3 位的行业是制造业、批发和零售业、建筑业。这种错位一定程度上制约了区域整体产业转型升级[1]。

（二）津冀两地对北京技术溢出承接不足

一是从专利合作看，三地间的专利合作网络以北京、天津、石家庄三个城市为核心节点。2018 年，京津冀合作专利数为 8673 件，较 2013 年增长了 49%[2]。其中，京津合作专利数为 3056 件，京冀合作专利数为 4277 件，而北京与石家庄为 1729 件。京津冀区域内逐渐形成了以北京为中心，以天津和石家庄为次中心的专利合作网络，合作网络中的主体数量及联系强度仍有待进一步提升。

二是从技术转移看，北京科技成果流向津冀的极少。2020 年，北京技术市场成交额为 6316.1 亿元，居全国首位，遥遥领先位于第二位的广东，但其科技成果有近 80% 流向京外，特别是长三角、粤港澳大湾区等地区，流向津冀的技术成交额仅为 347.0 亿元，占比仅为 5.5%，相较于去

---

① 首都经济贸易大学特大城市经济社会发展研究院京津冀协同发展课题组 . 京津冀协同创新如何"落地生根"［N］.经济日报，2021-08-14（10）.
② 陈璐 . 河北蓝皮书：京津冀协同发展报告（2020）［J］.北京：社会科学文献出版社，2020.

年明显降低，北京技术成果输出呈现"东南飞"趋势，向区域内产业转化明显不足（表 7-2、表 7-3）。

表 7-2　2020 年京津冀技术创新情况

	北京	天津	河北
专利申请量/件	257 009	245 540	—
专利授予量/件	162 824	75 434	92 196
技术合同成交额/亿元	6316.1	1112.9	558.6
特点	辐射全国各地	局部优势	优势不足

表 7-3　2015—2020 年北京技术合同成交情况

年份	合同数/项	技术合同成交总额/亿元	技术交易额	流向外省市	流向天津和河北
2015	72 272	3452.6	2767.8	1878.7	111.5
2016	74 965	3940.8	2919.3	1997.2	154.7
2017	81 266	4485.3	3703.9	2327.3	203.5
2018	82 486	4957.6	4069.5	3014.9	227.4
2019	83 171	5695.3	4389.0	2866.9	282.8
2020	84 451	6316.1	4816.3	3718.5	347.0

资料来源：《北京统计年鉴（2021）》。

（三）产业创新协同碎片化、低端化

京津冀三地的产业协同程度较低且仍处于产业低附加值环节，严重限制北京创新优势对津冀产业发展的辐射带动作用[①]。

一是三地产业结构断层现象突出。北京在医药制造，专用设备制造，汽车制造，仪器仪表制造，金属制品、机械和设备修理等产业的集群优势突出。天津在食品制造、石油、煤炭及其他燃料加工业等产业集群中占据

———————

① 数据来源：全国企业工商登记数据库。

一定优势。河北自然资源和劳动力丰富，形成了以皮革、毛皮、羽毛及其制品、制鞋业、黑色金属冶炼和压延加工业、金属制品业等重化工为主导的产业结构（表7-4）。其中，河北钢铁行业主营收入占全省全部工业收入的1/3，粗钢产量占全国的1/4，且部分集群优势仍然在进一步强化[1]，河北依托重化工产业贡献了京津冀一半以上的GDP[2]。

表7-4　京津冀产业情况

产业	北京	天津	河北
工业增加值/亿元	4216.5	4188.1	11 545.9
规模以上工业企业/个	3028	5120	13 668
优势产业	高端装备制造业	轻工业	黑色金属、金属制品业
粗钢产量/万吨	0	1570	22 908.3
汽车产量/万辆	166	106.5	97
特点	高端产业集聚	与京冀重合度较高	产业低端化明显

二是三地产业投资关联主要集中在服务和工业领域。从产业投资看，北京企业对津冀投资不高且主要集中在金融、黑色金属等行业，投向津、冀的资金仅占5.1%和10.5%。从资金流入的行业来看，北京企业对天津的投资主要集中在金融业（31%）、租赁和商务服务业（22%）等服务业，对河北的投资主要集中在制造业（31%）。具体到制造业细分领域，北京对河北的投资主要集中在黑色金属冶炼和压延加工业（43%）、金属制品业（26%）等资源加工业，对高技术制造业的投资力度仍然较小。近些年，京津冀高技术产业新产品销售收入占GDP比重、高技术产品出口额占GDP比重大幅下降，反映出京津冀高技术产业发展滞后于经济增长、北京的原始创新优势并没有在区域内转化为产业优势。

---

① 据《国民经济行业分类》（GB/T 4754—2017）进行行业分类。

② 于明言.京津冀制造业集群优势变迁与升级研究［J］.理论与现代化，2021（1）：110-120.

7.2.2　京津冀尚未形成高效协同创新网络的原因

（一）京津冀协同创新基础缺乏

一是京津冀三地城市经济基础差距过大。从人均 GDP 来看，北京与天津年度人均 GDP 基本持平，远远高于河北人均 GDP，导致北京和天津对河北优质创新资源的"虹吸效应"显著，进一步加剧了京津冀地区的发展不平衡。从长三角、珠三角发展经验来看，只有各地人均生产总值的差距不大，京津冀才能充分发挥各个区域的比较优势，实现真正的协同发展，推动核心区域与周边区域同步发展。

二是地区间缺乏协同创新的空间载体。区域性科创走廊是国内外城市群协同发展的重要创新载体，而北京目前的创新建设仍主要局限在"三城一区"的空间范围内，与津冀创新网络的节点联系不强，雄安新区仍处于发展起步阶段，尚未形成类似广深港澳科技创新走廊、长三角 G60 科技创新走廊，作为联系紧密、多地合作、空间紧凑的集群式创新空间载体。

三是缺乏融通的创新生态。津冀在激励制度、文化氛围等创新环境方面与北京存在一定差距，导致其对北京创新资源吸引和承接能力不足。同时，地方政府之间的竞争关系形成了较大的区域制度壁垒，进一步阻碍了要素的自由流动，抑制了区域创新活力。相比之下，长三角、粤港澳地区区域经济一体化水平较高，再加上这些地区城市间数字化应用程度较高，交通更加便捷，使得创新资源跨地域流动的成本大大降低。

（二）京津冀硬科技创新链不完整

一是北京高端制造业扩散能力不强。北京新兴的以小米、百度为代表的人工智能产业，以科兴中维、民海生物为代表的生物制药产业，以中芯国际、北方华创为代表的集成电路产业等大多属于赋能性、易转化、短产业链行业，以及众多"独角兽"企业尚处于起步阶段，没有形成强大的扩散效应，津冀两地很难形成与北京高新技术研发群落的对接，缺乏转化北京研发成果的优势。

二是北京硬科技创新能力不足，导致京津冀城市群硬科技产业发展整体乏力。中国的"独角兽"企业虽然居全球第二位，北京几乎占了一半，其中大部分"独角兽"企业都是以互联网为基础的商业模式创新，创新资源显现脱实向虚的发展趋势，如饿了么、滴滴出行等，缺乏最紧迫的硬科技创新①。而美国的"独角兽"企业更多地分布在军工、航天航空等高端制造行业，有助于实体经济的发展。

（三）京津冀深度分工的产业链发育不足

从产业分工来看，三地间的产业分工尚处于初级阶段，仍是以工业水平分工，即各城市专业化处于不同的生产制造行业，并未形成基于产业链的纵向分工体系，区域一体化水平较低。北京现代服务业、制造业高度发达；天津则兼具先进制造业和钢铁产业发展优势，与北京、河北均存在竞争关系。而河北则以传统工业为主，尤其是黑色金属冶炼和压延加工业，产业转型升级任务艰巨。三地较低水平的产业关联程度导致津冀两地无法有效承接北京的产业转移。相比之下，粤港澳大湾区已在通信、汽车电子、计算机及外围接口等多个领域拥有完整高效的制造产业链，上下游形成了有机衔接，为吸纳科技创新成果提供了坚实基础。

7.2.3　北京创新链与津冀产业链没有有效融合

从创新产出来看，北京的创新产出主要集中在计算机、通信和其他电子设备制造业，仪器仪表制造业及电气机械和器材制造业等高技术制造业，并且这 3 个行业申请的专利数量占比均超过 10%，其中计算机、通信和其他电子设备制造业专利申请占比达到 19.23%。同时，北京向外省市输出的技术合同主要分布在电子信息技术、现代交通、城市建设与社会发展及环境保护与资源综合利用等领域。但从现阶段天津、河北的产业结构来看，两地的制造业主要集中在黑色金属冶炼和压延加工业，石油、煤炭及其他燃料加工业，金属制品业等资源密集型产业。可见，北京的创新结构与津冀的产业结构匹配度较低，创新链和产业链缺乏有效融合。北京作

---

① 赵弘.全球坐标里的北京科技创新中心［J］.前线，2018（7）：81-84.

为全国首个减量发展的城市，更需要周边腹地作为疏解地。倘若资源都流向区域外，会导致津冀与北京发展差距进一步拉大，北京也会因为缺乏腹地支持受到限制。

7.3　以核心城市为基础的三大城市群比较

京津冀、长三角、粤港澳大湾区三大城市群不仅是我国"十四五"时期拉动经济增长、促进区域协同发展的重要平台，同时是参与全球科技竞争的重要载体。《京津冀协同发展规划纲要》提出"推动形成京津冀协同创新共同体"的总体要求，《长江三角洲城市群发展规划》明确"区域协同创新体系全面形成"的发展目标，《粤港澳大湾区发展规划纲要》明确提出"构建开放型融合发展的区域协同创新共同体"。

三大城市群拥有丰富的创新资源，整体分布情况如表7-5所示，京津冀三省市、长三角四省市和广东省汇集了全国1/3左右的高校，2/5以上的研究与开发机构，2/3左右的高新技术企业，具备建设创新型世界级城市群的良好条件[①]。

表 7-5　三大重点区域科技创新情况

科技创新	京津冀	长三角	粤港澳
科学研究体系	强	中	弱
技术创新体系	中	强	中
产业创新体系	弱	中	强
结构特点	点状结构	网状结构	条块结构

下面以三大城市群的核心城市北京、上海和深圳为代表，比较各城市群的创新驱动情况，以便更好地呈现京津冀的协同创新现状。

---

① 潘春苗，母爱英，翟文.中国三大城市群协同创新网络结构与空间特征：基于京津冀、长三角城市群和粤港澳大湾区的对比分析［J］.经济体制改革，2022（2）：50-58.

7.3.1　北京科学研究体系绝对优势明显

北京科技创新资源密集度高，处于国内高端先进梯队的塔尖，全国占比情况呈现"2个一半，2个三分之一，3个四分之一，1个五分之一"的格局。北京聚集的"两院院士"、每年获国家科技奖励一等奖和中国十大科技进展的获奖数，约占全国一半；布局的重大科技基础设施（20个）、累计获得的国家科技奖奖项，占全国30%左右；拥有的研究型大学（36所）；拥有国家工程技术研究中心（68个），约占全国的19.7%。"十三五"时期，北京承担了国家重大专项领域的项目600个、国家重点研发计划1980个，建立了一批持续攻关的高水平研究团队，形成了量子信息、人工智能、生命健康等前沿领域的国家战略科技力量，肩负着国家战略使命。

从具体指标数据看，一是北京基础研究和应用研究投入优势明显。从R&D经费内部支出结构看（图7-1），2019年北京基础研究支出占比为15.9%，高于上海（8.9%）和广东（4.6%）之和；北京应用研究支出占比为25.2%，而上海为13.1%、广东为4.6%；北京试验发展支出不足2成，上海和广东达7～8成。

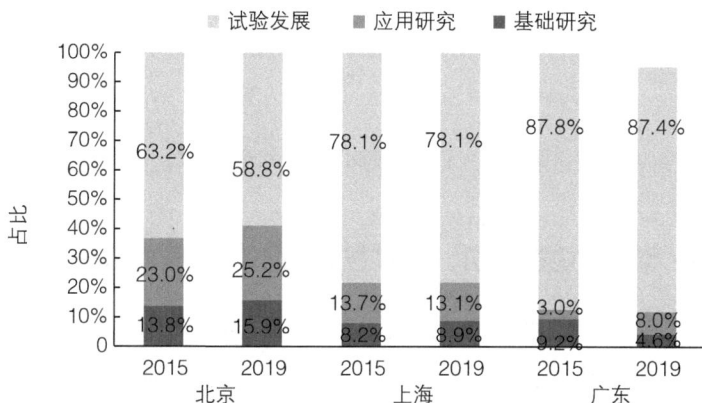

图7-1　2015年和2019年京沪粤R&D经费支出结构

二是北京研发人员和人才储备资源丰富。北京集聚了全国顶尖高校、研究机构和创新载体，具有天然的科技创新人才储备优势。北京每万人

R&D 研究人员数是上海的将近 2 倍、广东的 3 倍多；北京每十万人博士毕业人数是上海的近 4 倍、广东的 26 倍。

三是北京研发投入强度和学术产出突出。北京研发经费支出与 GDP 比值高达 6.17%，是全国平均水平的近 2.5 倍、上海的 1.5 倍、广东的 2 倍。此外，北京每名研发人员研发仪器和设备支出费用高达 4.31 万元，高于上海（3.87 万元）和广东（2.92 万元）。从科研成果产出来看，北京每万人科技论文产出总数高达 3509.4 篇，高于上海（1392.6 篇）、广东（265.5 篇）（图 7-2）。

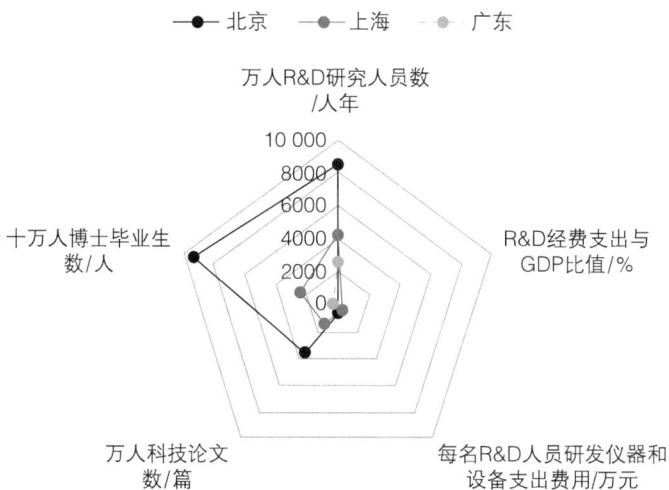

图 7-2　京沪粤 R&D 投入和产出比较

7.3.2　技术供给规模突出，北京技术创新体系局部占优

北京技术产出供给突出、高技术制造业领域有局部优势，作为技术创新主体的企业在研发投入和研发人员方面的不足逐渐显现。

一是北京技术产出规模和收益突出，远超上海和广东。北京技术供给实力雄厚。每万人发明专利拥有量高达 122.98 件，是上海（49.93 件）的 2 倍、广东（23.80 件）的 5 倍。北京每万人输出技术成交额为 20 564.50 万元，是广东的 18 倍。从万元生产总值技术国际收入来看，北京（31.94

美元）弱于上海、高于广州。

　　二是北京高技术制造业领域专利产出"三高一低"于上海，"一高三低"于广东。高技术制造业是实体经济中最具有价值的部分，从 4 个高技术制造业的有效发明专利看，北京最好的计算机及办公设备制造业为 9451件，略高于广东（9312 件），约是上海的 16 倍。北京的电子及通信设备制造业发展相对较差，仅为 10 514 件，约是广东（205 469 件）的 1/20。另外，医疗仪器设备及仪器仪表、医药等行业有效发明专利情况，北京虽均好于上海，但与广东的差距十分明显（图 7–3）。

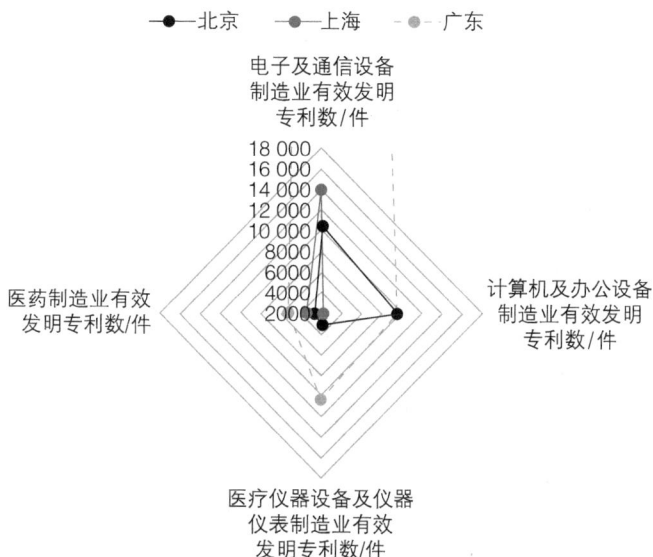

图 7–3　京沪粤技术创新体系比较——行业技术

　　三是北京企业研发"三低一高"于上海和广东，状况不容乐观。北京的企业 R&D 经费支出强度（1.28%）、企业技术获取和技术改造经费支出占企业主营业务收入比重（0.51%）及企业 R&D 研究人员占所有研发人员比重（12.74%），均排在三地末位。其中，企业技术获取和技术改造经费支出占比不足上海（1.14%）的一半，企业 R&D 研发人员比重不足广东（70.30%）的 1/5。北京有 R&D 活动的企业占比为 35.25%，稍好于广东的 34.92% 和上海的 26.74%（图 7–4）。

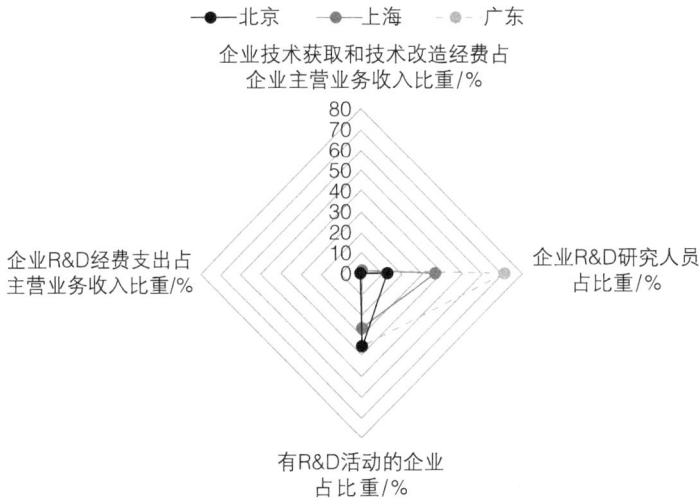

图 7-4 京沪粤技术创新体系比较——企业研发

7.3.3 产业新旧交替"新强旧弱",北京产业创新竞争力亟待提高

全球技术变革推动产业新旧交替,近年来北京通过"腾笼换鸟"不断推进产业优化。2020 年,北京的国家高新技术企业达 2.9 万家,高技术制造业占制造业比重为 30%,增加值增长 9.5%,高于规模以上工业增速 7.2 个百分点。北京每天设立的科技型企业超过 300 家,2020 年有 93 家"独角兽"企业,不断培育新兴领域的全球科技企业。

一是北京产业孵化能力强,初创企业活跃。北京的初创企业密集度排在首位,每十万人累计孵化企业为 7638.5 家,而上海、广东则在 1500 家左右。2020 年,北京有"独角兽"企业 88 家,约为上海的 2 倍、广东的 2.8 倍,占全国"独角兽"企业总量 251 家的三成多,主要集中在商业航天、数字文娱、人工智能、数字医疗、企业数字服务等领域。2021 年,北京入选全球"独角兽"企业 500 强的企业共有 72 家,总估值为 4580.0 亿美元,相较于 2020 年增长了 363.8 亿美元。在产业创新体系中知识密集型服务业发达、高技术服务业发展迅速,大量初创企业被孵化出来,科研不断转化为生产力,提供创新创业的活力。

二是企业利润和行业整体利润低,制约产业发展。北京的企业利润总额显著低于广东，略高于上海。特别是大型企业、内资企业利润总额，北京均不足广东企业的 1/8。大型企业、中型企业、内资企业、港澳台投资企业的利润总额，北京明显高于上海，但外商投资企业利润总额则低于上海（图 7-5）。相比较而言，上海的临海区位优势和完善的国际开放政策、广东的精密制造优势，为二者吸引外商提供了条件。北京的制造业利润显著低于广东，"三高一低"于上海。其中，北京的电子及通信设备、计算机及办公设备制造业利润总额与广东差距明显，不足后者的 1/10。北京的医药、电子及通信设备、计算机及办公设备制造业3 个行业利润总额均高于上海；医疗仪器设备及仪器仪表制造业的利润稍低于上海。北京拥有规模以上医药制造企业 314 家，总产值 1323.3 亿元，申报和获批生产的新药有 6 种，有 12 种三类新药品获批进入临床阶段。

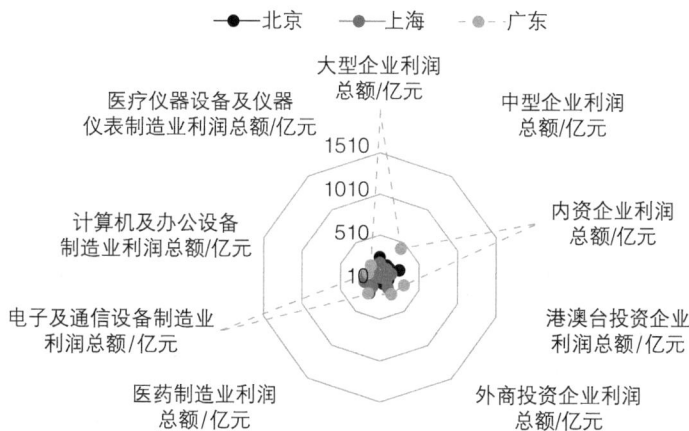

图 7-5　产业创新体系——企业利润、产业利润

　　三是北京产值结构优势和挑战并存。较高的高技术产业和服务业产值被视为现代产业结构优良的重要标志。第一，北京高技术产业利润、高技术产品出口具有一定优势。这 2 个指标均排在三地首位，北京的高技术产业利润率为 7.54%，但高技术产业主营业务收入占比为 24.2%，高于上海（19.07%）、低于广东（33.87%）（图 7-6）。第二，北京服务业产值呈现"一

低、一高"局面。北京信息传输、软件和信息技术服务业增加值占比仅为12.73%，上海为 63.47%、广东为 47.64%。知识密集型服务业增加值占比为 46.78%，约是广东（17.94%）的 3 倍。北京原有的信息服务优势正在被知识密集型服务优势取代。

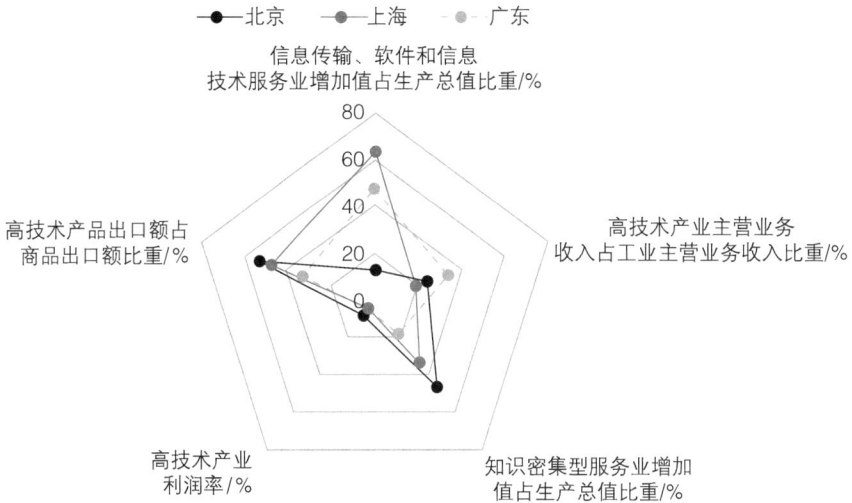

图 7-6　产业创新体系——产值结构

总体而言，京津冀、长三角、粤港澳在科技创新发展上各具特点，北京拥有大量战略科技力量和高水平研究团队，是科技创新策源的重要集聚地，京津冀的创新和发展以北京为核心展开。长三角不仅具有较强的科研实力，同时是国家重要产业腹地，是科技创新与经济发展结合最为紧密的区域。粤港澳创新活力最为蓬勃，科技创新更多地是围绕产业发展需求而运转，新理念、新技术、新模式在此孕育而生。

7.4　小结

产业链是都市圈内各产业部门依据特定的供需关系，通过专业化分工和上下游产业转移所形成的关联形态。技术链和知识链是都市圈内各创新行为主体基于技术的产生、应用、扩散，知识的获取、转化、传递和共享所产生的技术和知识衍射。价值链是都市圈内各创新行为主体通过技术、知识、信息等要素的价值链接所产生的价值递增过程，它不仅推动企业集聚向上延伸到原材料和配套服务的供应商，向下延伸到产品的营销网络，横向扩张到具有互补关系的生产商，而且将政府、高校、研究机构等融入价值链增值环节中，产生整体协同效应。

第八章 构建京津冀协同创新机制探讨

本章重点研究构建京津冀协同创新机制，发挥北京科创资源优势，以企业为创新主体，重点促进北京科技成果在津冀落地，推动三地产业实现协同。

以创新驱动区域协同发展，是创新战略与区域战略实现融合的现实选择，能够使国家、区域、企业通过创新行为获得竞争优势，而构建区域协同创新机制是具体的实施路径。区域经济协同机制的建立正是面对国家、区域、行业等重大的创新需求，以协同创新理念为指导，构建协同创新平台，以促进高校、科研院所、企业、政府、非政府组织等开展深度合作，建立战略联盟，促进资源共享，使得以移动支付、高铁、共享经济等为代表的"中国创新"在关键领域取得实质性成果，大大提升了技术创新效率，缩短了技术商业化与市场化周期。京津冀地区作为科教资源最丰富的地区之一，尤其是北京集聚了全国约 1/3 的创新资源，但是 90% 以上的创新成果却"蛙跳"到了以长三角、珠三角为主的其他地区，其根本原因是缺乏京津冀协同创新机制，导致北京一枝独秀。

现阶段，以科技园、大学城、开发区、产业园、工业园、示范园等为主的区域创新在我国快速发展，为各类创新主体搭建了平台，促进了高新技术产业集聚。但是如何更好地实现跨主体、跨区域协同创新仍然是区域创新能力提升的关键。20 世纪 90 年代，我国关于协同创新的研究始于"产学研"[1]，早期国内外研究多以企业为载体[2]。很多学者通过构

---

① 解学梅，曾赛星. 创新集群跨区域协同创新网络研究述评［J］. 研究与发展管理，2009（1）：9-17.

② FREEMAN C. Networks of innovators：a synthesis of research issues［J］. Research policy，1991，20（5）：499-514.

建协同创新指标体系①，对京津冀的协同创新能力进行了测度②③，研究了区域协同创新的形成机制④，但是并未从体制机制层面提出解决方案，对区域创新政策的制定仍缺乏指导性。在协同创新机制构建方面，不少学者尝试从政府、市场和社会横向协同3个方面，或者资源、生态、科技、服务、组织纵向协同5个方面，又或者从协同创新动力机制、过程机制、转移机制、支持机制及产出转化机制交叉协同5个方面构建协同创新机制⑤，但是系统研究区域协同创新机制的较少，且与京津冀具体情况相差甚远，难以指导构建京津冀协同创新机制。尽管也有个别学者研究京津冀协同创新机制，但是仅涉及了协同创新机制的某个或几个方面，如京津冀奶业协同创新机制⑥，系统化的京津冀协同创新机制研究尚未出现。

从国家层面看，当前我国创新体系的协同创新深度和广度远远不够，并且在协同创新实践过程中缺乏协同创新理论指导。从区域层面看，京津冀协同创新虽然取得一定成就，但是三地的科技创新资源分布高度不均衡，北京市科技创新资源富集，但对区域创新发展的带动和扩散作用不足，尚未形成创新驱动产业转型升级的合力。本章尝试从分析构建京津冀协同创新机制的重要意义入手，基于协同创新理论、三螺旋理论和邻近性理论的视角，就京津冀协同创新体制问题进行系统研究，并从主体协同和区域协同的层面构建京津冀协同创新机制，既能丰富区域协同创新理论，

①　孙瑜康，李国平．京津冀协同创新水平评价及提升对策研究［J］．地理科学进展，2017，36（1）：78-86.

②　祝尔娟，何晶彦．京津冀协同创新水平测度与提升路径研究［J］．河北学刊，2020，40（2）：137-144.

③　鲁继通．京津冀区域协同创新能力测度与评价：基于复合系统协同度模型［J］．科技管理研究，2015，35（24）：165-170，176.

④　高建新．区域协同创新的形成机理及影响因素研究［J］．科技管理研究，2013（10）：74-78.

⑤　危怀安，聂继凯．协同创新的内涵及机制研究述评［J］．中共贵州省委党校学报，2013（1）：107-113.

⑥　祝丽云，蒋桂娥，张冰颖．可持续发展视角下京津冀奶业协同创新机制及路径研究［J］．河北农业大学学报（社会科学版），2021，23（6）：50-56.

也能为京津冀协同创新探索新道路，还能为国内外都市圈、城市群或大区域实现协同创新提供具体思路。

8.1 构建区域协同创新机制的重要意义

8.1.1 有助于破解京津冀协同发展难题

京津冀地缘相接、人缘相亲，地域一体、文化一脉，历史渊源深厚、交往半径相宜，完全能够相互融合、协同发展。现实中却存在发展层次落差巨大、产业结构错位、地方保护严密和市场缺乏活力等现象，导致三地创新发展乏力，产学研转化不畅，呈"断崖式"发展格局。围绕疏解非首都功能这一京津冀协同发展的核心问题，通过构建京津冀协同创新机制，紧抓中关村世界领先科技园区建设、北京国际科技创新中心建设及雄安新区建设，完善协同创新体系，整合现有创新资源，能够促使三地创新驱动横向和纵深发展，突破京津冀协同创新和区域整体创新能力不强的"阿喀琉斯之踵"，打破北京集聚过多非首都功能、"一枝独秀"的不平衡格局。

8.1.2 有利于加快京津冀产业链供应链"近域重组"

新的国际形势下，全球各国都在推进制造业回流，开启产业链、供应链"近域重组"新浪潮。拜登政府努力推动半导体、医疗卫生、新能源材料等产业链回流，促进"近域重组"确保产业链供应链安全。英法德等国则提出加强医疗设备等战略重要性物资供应链建设，减少对外依赖。在区域层面构建原始创新、产业创新、技术创新和成果转化所组成的创新链，是加快产业链、供应链"近域重组"的关键。京津冀协同创新的关键是科技与经济的融合，实现产业创新。区域创新与产业集聚有着密切的关系，是生产链、供应链重组的适宜尺度单元，是"近域重组"的重点区域。构建京津冀区域协同创新机制，打造强大的协同创新能力，有助于推动中心大城市与周边其他地区进行高效的分工协作，提高本地产业链的迂回程度，构建完善的区域产业网络，通过产业跨地区协同集聚，提高京津冀地区整体产业创新能力。

8.1.3 有利于破解京津冀区域创新政策泛化难题

近年来我国经济进入"多极并起，全面推进"的区域化时代，区域政策的重要性凸显，但京津冀的区域政策往往难以直接作用于域内城市层面，而是与财政政策、产业政策、行政区经济交叉，易于陷入泛化困境。通过构建京津冀协同创新机制，既能够为区域创新政策的制定提供逻辑框架，又能将现有的区域创新政策梳理成"1+N+X"的政策体系，克服因政策尺度过大导致实施难的问题。同时，京津冀区域11地市组成的经济区域，空间尺度相对适中，在此范围构建协同创新机制，有利于区域政策由面转向点的精准化支撑，便于落地实施，具有率先实现要素和资源突破行政边界束缚、实现跨区域配置的优势，是破解区域政策泛化难题先行先试的最佳场所。

8.1.4 有利于形成创新资源集聚效应的发挥

京津冀、长三角和粤港澳大湾区是我国的三大世界级城市群。长三角区域形成了江、沪、浙区域创新功能相似、知识互动频繁的网络化明显的创新体系，粤港澳区域以活跃的中小企业创新网络为主，有较为频繁的跨境创新活动。与以上不同的是，京津冀区域以北京为核心，主要以科学知识驱动创新活动，属于研发外溢型创新模式，表现为以 R&D 活动为核心，突出科学技术驱动产生的创新成果的转化和应用，创新活动以知识外溢为主，这种创新模式在科教资源密集的区域较为明显。通过构建京津冀协同创新机制，实现创新要素资源跨主体、跨区域的自由流动，实现创新主体再集聚、创新网络再拓展、创新资源再组织，能够降低技术创新风险、加速创新成果转化，提升整个区域的创新发展水平。

8.2　构建协同创新机制的理论基础及机制分析

当今创新范式发生深刻变化，逐步演变为以多元主体协同互动为基础的协同创新模式，该模式既符合当前创新资源从封闭、分散到整合、协同的现实背景，同时符合创新研究从独立创新、集成创新到开放式创新的理论背景，它成为推动创新的重要手段。区域协同创新理论为构建京津冀协同创新机制提供了理论框架，而三螺旋理论和邻近性理论为京津冀的跨主体协同和跨区协同机制的构建提供具体理论指导。

8.2.1　构建京津冀协同创新机制的基础——区域协同创新理论

分工与协作是马克思理论宝库的重要组成部分，亚当·斯密（Adam Smith）[①]认为劳动分工是人类天性中一种倾向的必然结果，构成了协同创新最早的理论基础。Lgor Ansoff 把协同理念引入经济学领域，并提出"1+1＞2"这一精练表述，理论界逐渐开始从协同的角度研究区域经济问题。协同理论认为，系统内各子系统间的交互协同促使整个生态系统产生单个系统不存在的新的结构和功能，通过减少各方由于利益、动机、时间、资源、能力和效率不同引发的冲突和矛盾，并产生超出各子系统加和的协同效应。因此，协同的关键是建立协同创新的自组织协调机制，即包含各方的关系协调、行为配合、资源互动和信息反馈的整体运行机制，依靠系统内部的制约机制和运作系统，使利益主体各方最终目标一致地开展工作，简化程序、降低成本，从而将分散的创新能力通过区域内部运作机制转化为一种自组织能力，实现系统在时空和功能上有序的协同创新。

区域一般是指地理上的某一范围，是按照特定标准在地球表面上划出的、不间断的空间单位，是特定空间范围内经济、社会与生态环境要素交互耦合的综合体。按照行政区划、经济功能、产业集聚等不同的划分标准，可以形成不同的区域概念，属于工具概念层面。20 世纪 90 年

---

① 斯密.国富论：国家财富的性质与起因的研究［M］.谢祖钧，孟晋，盛之，译.长沙：中南大学出版社，2003：56–57.

代之后，很多研究发现创新发展出现明显的区域化特征，不同地区的创新活动形成了地理上的分工，针对该现象学者在国家创新系统理论的基础上，将研究的范围转向特定区域，创造性地提出区域创新理论。区域创新最初从"集群"概念引发，由在空间地理位置相近的行为主体，在一定范围内相互学习、互动联系，形成知识的流动、技术的扩散及合作的秩序，包含了研发活动与科技成果价值实现的过程。区域协同创新是新型创新模式在区域方面的重要表现形式，是指不同创新主体的创新要素有机配合，通过复杂的非线性相互作用而产生整体效应最优的协同过程。

"机制"可以理解为一种具体的管理方式，是复杂系统中各要素之间及在系统外环境的作用之下产生的内在机能、内在规定性和控制方式，从而使系统整体良性循环发展的规则和程序的总和。创新系统内所有协同活动及其遵循的程序与规则称为协同机制。本书认为京津冀协同创新机制是指面向国家、区域、行业等重大创新需求，以协同创新理念为指导，通过政府引导、企业主导，基于科技、制度、领域人才等方面的区域优势，旨在发挥创新第一动力，推动区域内企业、高校及科研院所、科技服务机构、地方政府等创新主体进行信息、技术、资金和劳务等创新资源的交流[1]，而在区域内形成的包含各项规则和程序的一种长效机制，其最终目标是推动京津冀高质量协同发展。

8.2.2　京津冀五大创新主体间的协同关系——基于三螺旋理论

Etzkowitz 和 Leydesdorff 提出的三螺旋理论，是知识经济的一种创新结构理论，是协同创新理论的重要组成部分。Etzkowitz[2]首次把三螺旋理论引入经济学领域，分析政府、企业和大学之间的动力学关系，用于揭示知

---

[1]　陈劲，阳银娟. 协同创新的理论基础与内涵［J］. 科学学研究，2012，30（2）：161-164.

[2]　Etzkowitz H. Academic industry relations：a sociological paradigm for economics development［M］. Boston：Harvard Business School Press，1997.

识经济时代各种创新主体之间的新关系。Leydesdorff[①]阐述了该模型的理论系统，提出三螺旋模型结构由知识生产机构、企业和产业部门、不同层次的政府部门组成，是通过产业、科研院所、政府三方之间的相互协作、相互影响，在知识创造与传播、技术产生与应用、职能协调与互动中，最终孕育出一种新型的知识创新体系，能够在知识创新的推动下，助推创新系统螺旋式上升。三螺旋理论强调创新主体的合作关系、知识技术的跨界流动、创新群体的共同价值等[②]。另外，基于经济社会发展的现实，还有一些学者在三螺旋理论的基础上提出四螺旋理论等。

区域协同创新是企业通过与知识生产机构、政府部门的协同互动，满足顾客需要和实现技术开发市场化的有益手段。本书基于三螺旋理论，在原来企业、高校和政府三方主体的基础上，增加科研院所和中介机构，构成京津冀协同创新的五大主体。具体是：技术创新的主体——企业，知识创新的主体——高校与研究机构，制度创新的主体——政府，以及商业模式创新的积极推动者——中介机构。创新主体间协同关系的本质是企业依据市场动态和技术发展需求与其他创新主体通过运用各种创新要素，进行不同形式的协同，从而突破主体限制，产生增值效应（图 8-1）。

一是企业间协同。企业处于区域协同创新的主导地位，是区域协同创新的需求者，也是主要受益方。企业依据产品开发需求与供应链其他创新主体，包括核心企业、客户、供应商、采购商、竞争者及相关企业等构成了企业间协同创新网络，通过各种契约或非契约关系进行不同形式的协同。京津冀企业间协同相对较弱，是今后重点加强协同的对象。

---

①　LEYDESDORFF L. The new communication regime of university, industry and government relations [M]. New York：The Free Press, 1997.

②　庄涛. 京津冀协同创新关系：主体协同与空间关联 [J]. 科学学与科学技术管理, 2021, 42（12）：35-48.

技术供应主体

科研机构

技术入股　共建实体　委托研发　企业—科研

政策支持　　　　　　　　　　　　　　　　技术知识协同

制度创新主体

政府

竞争企业

企业—政府　　　　客户　　企业技术创新主体　　相关企业　　企业—高校

跨区域联合会议　　技术联盟　　　　　　　　　　合作研发
研发补贴　　　　　研发联盟　　　　　　　　　　许可证
　　　　　　　　　虚拟研究中心　　　　　　　　技术援助
　　　　　　　　　知识俱乐部　　供应企业

知识创新主体

高校

政策支持　　资金支持　技术指导　技术转让　企业—中介　　　　　链接桥梁

中介机构

商业模式创新的重要推动者

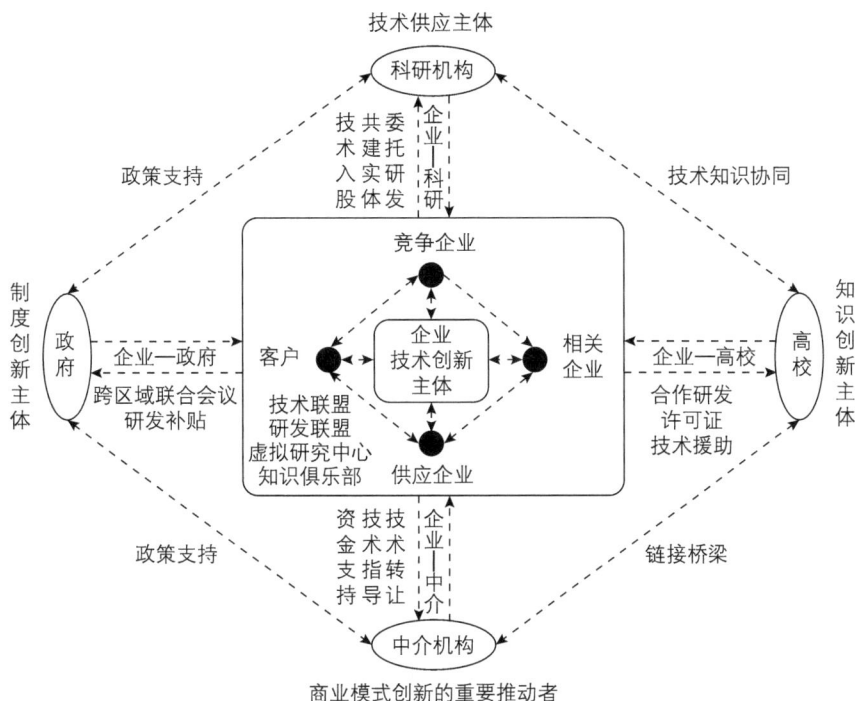

图 8-1　京津冀五大主体协同创新的主要形式

　　二是企业—高校协同。高等教育机构是知识创造、技术研发和人才培养的重要载体，在区域协同创新中具有较强服务社会的公共属性[①]。企业基于产品开发、人才培训和技术能力提升需求，与区域内尤其本地的高等教育机构进行不同形式的协同。京津冀具有丰富的高等教育资源，企业与高校具有广阔的协同空间。

　　三是企业—研究机构协同。研究机构是近些年改革重组的重点对象，如新型研发机构，是企业进行协同创新的重要技术来源，且主要以区域外技术来源为主[②]。高校、科研机构是相对稳定的网络结点，受市场机

① GUNASEKARA C. Reframing the role of universities in the development of regional innova-tion systems［J］. The journal of technology transfer，2006，31（1）：101-113.
② FRITSCH M，SCHWIRTEN C. Enterprise-university cooperation and the role of public re-search institutions in regional innovation systems［J］. Industry & innovation，1999，6（1）：69-83.

制的影响相对较小。京津冀以中科院及其所属院所为主，拥有大量的央属科研院所，因此，加强央地协同是未来的重点发展模式。

四是企业—中介机构协同。中介服务机构以知识和信息为载体，通过连接各创新行为主体，为企业技术创新提供全方位的服务，是企业与市场间知识流动和技术转移的桥梁和纽带。中介服务机构在创新主体协同网络中是非稳定的网络结点，易受创新生态、市场机制的影响，京津冀中介服务机构并不发达。

五是企业—政府协同。区域政府扮演者组织者和管理者的角色，各级政府通过建立相关制度、支持政策、合作机制和资金支持等，都会从宏观层面对企业的协同创新活动产生引导和激励。但是，政府功能应在京津冀科技创新的不同阶段而有所差异，当区域创新发展相对落后时，政府可以干预经济发展，提升创新能力；但随着创新接近技术前沿，政府的主要职能须转向维护市场经济机制和实现经济自由 [①]。

8.2.3 京津冀三大区域间的空间协同关系——基于邻近性理论

京津冀三地是最具地理邻近性的区域，具有协同创新的天然优势。从创新链的视角来看，创新经历了基础研究、应用研究、试验开发、成果孵化与技术转让、规模生产、市场运作等阶段，整个过程以具有邻近性的区域为载体，形成了一个完整的链条，并且各个阶段之间都有着各种各样复杂的非线性关系。总的来看，整个创新就是科技与经济的融合过程，是将创新引入产业链的具体实践。其中，基础研究位于创新链的前端，是科技创新的源泉，需要发挥政府进行宏观调控作用。进入科技成果转化和产业化阶段，更多地需要依靠市场调节。京津冀三地依据各自的优势，各有侧重（图8-2）。

---

① MAHMOOD I P, RUFIN C. Government's dilemma：the role of government in imitation and innovation［J］. Academy of management review，2005，30（2）：338-360.

北京区域

全球科技创新中心
↓↑
研发试验

科研推动　市场刺激　创新支撑保障　正面反馈

创新扩散空间关联

天津区域　　　　　　　　　　　　　　河北区域

先进造业研发基地
↓↑
成果转换转化

成果推广 →
← 应用需求

产业转型升级试验区
↓↑
成果应用

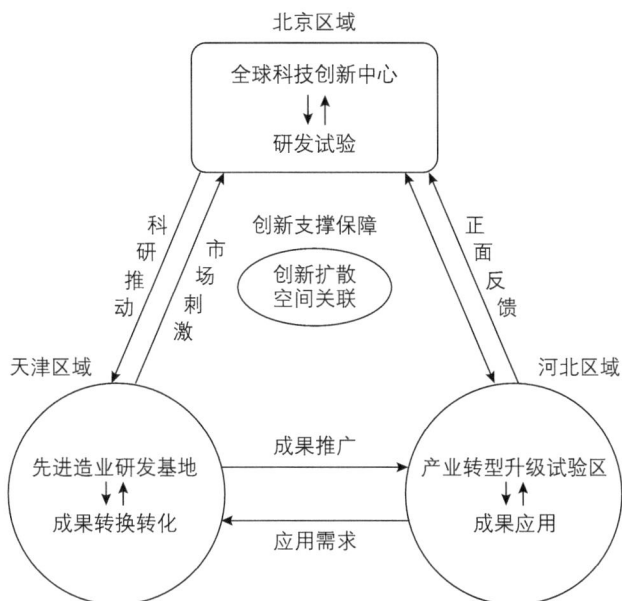

图 8-2　基于创新链的京津冀协同创新系统

一是研发试验——北京。此阶段，进行基础研究和应用研究的高等院校和科研院所发挥着重要的作用，通过认识和把握自然界及社会发展的基本规律，以产生新知识、新技术、新产品。在这方面，得益于央地创新资源富集的优势，北京正在建设全球科技创新中心，在京津冀乃至全国有着绝对的优势。

二是科技成果转移转化——天津。此阶段，主要是基于前一阶段试验成果的研究基础，进行中试和小批量的生产，实现科技成果开发、转化及应用。天津的定位是"先进制造业研发基地"，虽然整体研发实力不如北京，但是也集聚一定的高校院所，先进制造业发展水平处于全国领先水平。为实现京津冀协同创新的整体目标，天津有能力、也有有基础做好北京研究成果的转移转化，其中关键问题是京津两地的协调配合。

三是科技成果产业化——河北。此阶段是产品中试成功以后，进行规模化生产，将科技成果转化为生产力，最终产生经济和社会效益的过程。当前，河北作为京津冀创新发展的广阔腹地，正面临产业转型升级的重任，利用好京津的科研成果，并与京津加强联系，以此促进更多产生适合本地应用的好成果落地生根，是河北当前和今后一段时间创新发展的主要任务。

8.3 构建京津冀协同创新机制的探讨

通过以上研究，本书构建了"一个目标，双轮驱动，三个地方，四方政府，五个协同"的京津冀协同创新机制（图8-3）。在制定区域创新体系的政策时，既要考虑共性问题，也要结合区域特征和区域优势，统筹安排、考虑国家发展的优先事项，错位部署国家重大战略使命，布局好创新节点、创新高地和创新流，形成不同区域"各尽所能"的相互交错融合发展的创新体系。

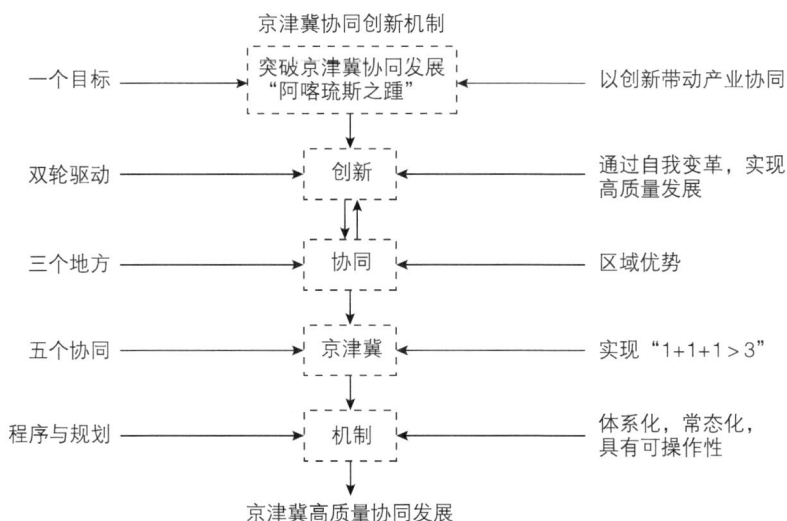

图 8-3　京津冀协同创新机制

8.3.1 一个目标

京津冀协同创新的最终目标是实现京津冀高质量协同发展。目前，京津冀协同发展在"谋思路、打基础、寻突破"上取得了阶段性进展和实质性成效，但是，三地创新发展不平衡的突出问题仍然存在，尚未形成高效的协同创新体系，亟须整合现有创新资源，基于创新、协调、绿色、开发、共享的发展理念，促使三地向更高层次实现高质量协同，实现以创新带动产业协同，逐步突破京津冀协同发展的"阿喀琉斯之踵"，打破北京集聚过多非首都功能、"一枝独秀"的不平衡格局。逐步将中关村国家自主创新示范区政策向雄安新区、保定创新中心等地延伸，将天津自由贸易示范区范围向河北适当地区延伸。

8.3.2 双轮驱动

为破除一切制约科技创新的思想障碍和制度藩篱，应坚持科技创新和制度创新"双轮驱动"，优化和强化技术创新体系顶层设计[1]。具体来讲，应充分发挥北京"一核"作用，实现科技创新和制度创新"双轮驱动"，高标准建设科创"智核"北京国际科技创新中心。统筹推进"两翼"——北京城市副中心和雄安新区建设，以创新驱动塑造京津冀发展新优势。正确处理"双轮驱动"机制中技术创新和制度创新协同作用关系，避免二者负向作用，最大程度实现正向作用，把科技创新和制度创新"两篇文章"汇成"一篇大文章"，共同驱动系统产生良性演化。通过对标全球、高标准建设北京科创"智核"，依托国家综合性科学中心、制造业创新中心等国家级平台，发挥科技创新在创新体系中的核心作用，通过创新链和产业链对接，实现产业协同；统筹推进两翼建设，依托滨海新区、河北自贸区，发挥河北"经济腹地"作用，成为支撑创新的空间载体，引领产业协同，进而实现区域协同。

8.3.3 三个地方

促进参与协同创新的三方主体由"京津廊"经由"京津雄"，最终过渡到京津冀。京津冀地缘相接、人缘相亲，地域一体、文化一脉，历史渊源深厚、交往半径相宜，三地各具特色，完全能够相互融合、协同发

① 习近平.努力成为世界主要科学中心和创新高地［J］.求是，2021（6）：1-6.

展①。廊坊是距离京津两地较近的河北经济比较发达且经济活跃度较高的城市，与北京、天津三市经济联系最为密切，可见京津冀的协同更多停留在"京津廊"协同较小的区域范围。雄安新区距离北京和天津基本是一样的，都是 90 千米左右，京津雄三座城市形成了一个等腰三角形。要突破当前京津冀协同发展仅仅停留在"京津廊"协同发展这一现实，应按照由点到带，由带扩面的渐次发展逻辑，由北京到京津冀廊协同带，再到京津雄创新三角，进而辐射带动更大范围。即从目前的"京津廊"线的协同发展，逐渐向"京津雄创新三角"面的发展过渡，最终实现京津冀高质量协同发展②。

8.3.4　四方政府

京津冀协同创新参与主体并不仅仅是京津冀三个地方，还包括中央政府，因为首都北京具有中央政府和直辖市的双重身份，所以京津冀协同创新是涉及包括中央政府在内的"三地四方"的发展问题，除了涉及全国稳定发展的问题，还关系到国家级、副国家级、省部级不同层级政府的意志表达。其中，央地协同是一个非常重要的问题，应通过中央层面全局统筹和地方层面重点配套相结合，建立面向中央政府和地方政府的利益共享机制，统筹中央和北京科技服务平台、高校实验室建设，避免资源浪费和重复配置，重点培养市属院校重点学科，畅通首都与国家科技创新资源之间的转化通道。

8.3.5　五个协同

推动企业、高校、科研机构、政府和中介机构 5 个创新主体间的协同创新，加强区域协同创新共同体建设。政府虽然不是创新的直接参与者，但却对区域内创新起到推动、引导和协调作用，为创新提供必要的资金支

---

① 王书华.京津冀城市群发展趋势与协同创新格局［J］.中国科技论坛，2015（11）：78-81.

② 赵成伟，巨文忠.由点到带 由带扩面 推动京津冀高质量协同发展［N］.科技日报（理论版），2022-06-27（8）.

持，引导企业、高等院校、科研机构等创新主体进行创新合作，推动重大共性技术、基础研究等层面的创新活动。通过深化科技体制机制改革，完善区际协同创新的机制设计，加快探索建立规划制度统一、发展模式共推、治理方式一致、区域市场联动的区域一体化发展新机制。建立健全科技成果和知识产权产权交易平台，完善科技成果转移转化和区域共享，营造良好创新生态，推动科技中介服务还发展。完善省际创新工作会商机制，建立健全跨省城市政府间联席会议制度，加快区域科技创新一体化发展。

8.4 未来研究展望

本书的研究虽然在系统构建京津冀协同创新机制方面做了一些探索，但是限于文献篇幅与理论深度，仍然存在一些可改进的地方。未来研究需要结合京津冀实际情况，一方面加强相关的理论指导，使京津冀协同创新机制更为体系；另一方面，从规则、制度层面，制定更为细化、可操作的体制机制。

一是开展协同创新运行机制的整合研究。应该从京津冀三地横向地区间、纵向部门2个维度、更加微观层面，整合相应的协同创新机制，更大程度上促进协同创新运行机制整体效能的释放。

二是协同创新平台研究。无论是实体协同创新还是虚拟协同创新，运行必须依附于一定的创新平台。如何发挥国家重点实验室、国家实验室、省部共建重点实验室、部门重点实验室、国家工程技术研究中心等，这些协同创新平台的作用或促进平台之间协同，应成为以后研究的重点[①]。

三是区域协同创新的实证和案例研究。有关协同创新的研究中，规范研究方法运用较多，但是具体到各区域、地方，从实际案例或调研数据出发，进行实证分析的研究为数不多，应强化探索战略联盟、新型研发机构等形式。

---

① 危怀安，聂继凯. 协同创新的内涵及机制研究述评［J］. 中共贵州省委党校学报，2013（1）：107–113.

第九章　推进京津冀协同创新的路径选择

《京津冀协同发展规划纲要》明确了京津冀三地的具体功能定位：北京为全国政治中心、文化中心、国际交往中心和科技创新中心；天津为全国先进制造研发基地、北方国际航运核心区、金融创新运营示范区和改革开放先行区；河北为全国现代商贸物流重要基地、产业转型升级试验区、新型城镇化与城乡统筹示范区、京津冀生态环境支撑区。本章围绕三地的具体功能定位，阐述了推进京津冀协同创的路径选择。

总体思路是：推进北京科技创新蔓延式辐射发展，在河北、天津打造科创产业协同发展的腹地。纵观三大战略区域和国际科技创新态势，北京拥有大量高水平的科技创新资源和要素，是科技、产业、金融高度协同发展的重要承载地。但北京的创新成果较少与天津、河北形成互动，主要原因在于发展水平的差距，且差距正在不断扩大。因此，对于京津冀协同创新的重点在于建设近京科创产业带和科创产业协同创新高地，促进北京、天津、河北科技创新和产业协同发展。

9.1　构建良好的创新生态

进入新发展阶段，必须要以新发展理念为指导，从生态学的角度思考，才能体现人民至上的发展理念。技术创新和制度创新的活跃度取决于充满活力和动态的创新生态系统。过去一段时间，许多学者忽视京津冀协同发展中的生态问题，过多强调政府的推动作用。为解决发展中存在的各方面问题，关键要在"有效市场"和"有为政府"有机统一的基础上，以新发展理念为指导，发挥新型举国体制优势，关注企业创新主体地位，形成创新驱动的强大合力。

创新是一种基于"求异"的思维活动，不仅包括技术创新（质变），还包括"生产要素"与"生产方式"的重新排列组合（量变）——制度创新。针对目前三地协同创新程度不高的现状，构建"双轮驱动"模型。其中，一轮是以北京科创中心建设为引领的科技创新，另一轮是以北京城市副中心、雄安新区建设为引领的制度创新，为京津冀协同发展提供强大驱动力。京津冀协同发展驱动系统是指以京津冀协同创新为核心，由异质性的相关主体连接而成，以非首都功能疏解为抓手，通过"双轮驱动"，以协同创新和价值共创为准则，最终实现京津冀协同发展，具体如图9-1所示。

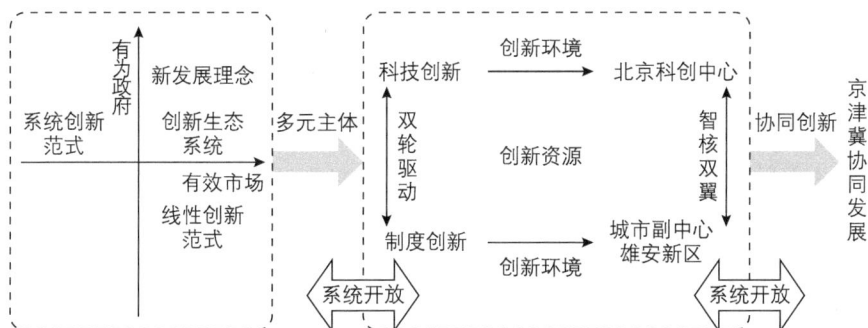

图9-1　京津冀协同发展"双轮驱动"模型

9.2　立足北京，打造具有全球影响力的国际科技创新中心

首都北京是中央政府所在地，具有直接对话最高决策中心的便利条件，国家领导决策机构集中，在快速获得政务信息、高效对接央地资源方面具有得天独厚的区域优势，易感知国内外大势，萌生新思想、开辟新领域、展现新作为。在此基础上，应进一步释放科技创新资源潜力，体现北京科技创新中心影响的全球性、文化的包容性和空间的共生性[①]，以雄厚

[①]　杜德斌，何舜辉. 全球科技创新中心的内涵、功能与组织结构［J］. 中国科技论坛，2016（2）：10-15.

的科技创新实力和影响力引领社会、经济发展，并在全球范围内占据领导和支配地位。

9.2.1 明晰定位：发挥基础研究优势，占据世界领先位置

我国进入世界领先领域或先进水平的领域日益增多，未来还将有更多的科技领域成为领跑者，意味着我国可以引进、借鉴国际前沿技术的空间越来越小。基础研究是整个科学体系的源头，是所有技术问题的总机关。要充分发挥北京高端人才集聚、科技基础雄厚的创新优势，实现国内三大科创中心错位发展。北京以巨大科研投入、顶尖科研人才和央地协同优势，推动在基础研究、原始创新和国家急需的领域领跑全国、领先全国。世界范围内的新一轮科技革命和产业变革，推动国际产业分工不断调整、颠覆性技术不断涌现，北京必须以基础研究为根基，布局前沿科技，加快在原始性创新、关键核心技术和战略性技术等方面取得原始性突破，产生原创性、前沿性技术成果，占据世界创新网络中的关键位置（表 9–1）。

表 9–1　国内四大科创中心定位情况

区域	国家文件	科创中心表述	国家定位	区域任务
北京	《国务院关于印发北京加强全国科技创新中心建设总体方案的通知》（国发〔2016〕52 号）	全国科技创新中心	原始创新、基础前沿研究	发挥辐射带动作用，引领京津冀协调发展
上海	《国务院关于印发上海系统推进全面创新改革试验加快建设具有全球影响力科技创新中心方案的通知》（国发〔2016〕23 号）	全球有影响力的科技创新中心	以企业为主体、市场为导向的体制机制创新	带动长三角区域、长江经济带创新发展

续表

区域	国家文件	科创中心表述	国家定位	区域任务
粤港澳大湾区	《粤港澳大湾区发展规划纲要》（中共中央国务院2019年2月18日印发）	国际科技创新中心	发挥"一个国家、两种制度、三个关区"的独特优势	打造"一带一路"建设重要支撑区，以泛珠三角区域为广阔发展腹地
成渝	《成渝地区双城经济圈建设规划纲要》（中共中央　国务院2020年10月16日印发）	全国科技创新中心	充分发挥成渝战略"腹地"作用，以创新培育区域增长极	打造成渝双城经济圈，带动西部地区发展

资料来源：根据国内四大科创中心建设资料整理。

注：北京全国科技创新中心逐渐演变为国际科技创新中心。

一是全球性布局。要积极参与或发起国际大科学计划和大科学工程，促进"一带一路"沿线国家基础研究合作，不断探索国际基础研究与科技创新合作新模式，使具有投入大、周期长、经济效益不明显、外部性强等特征基础研究达到效益最大化。围绕人类共同关心的发展领域，增强前沿科学研究、技术研发的国际影响力。明确中关村论坛年度议题，纳入气候变化、数字经济、生物疫苗研发、中医中药等全球关注的话题，利用全球平台扩大中国的创新影响。

二是一体化布局。坚持基础研究整体性思维，在基础研究、应用研究日趋一体化发展大趋势下，以应用研究带动基础研究。加强重大科学目标导向、应用目标导向基础研究项目部署，重点解决产业发展和生产实践中的共性基础问题，为国家重大技术创新提供支撑。建设若干前沿科学中心，提升经济发展新动能的牵引力。加强全球前沿技术态势、京沪粤三地各自优势领域的研究预判，以新型研发机构形式，建立若干前沿技术创新中心，以集成电路、生物医药、人工智能、新材料等北京优势领域为探索，广纳国际顶尖科学家团队、科研管理团队，促进基础研究和应用研究融通创新，以科技引领新产业、催生新市场。鼓励原创科学前沿问题探

索，逐步形成若干前沿科学中心。

三是前瞻性布局。围绕国家基础研究十年行动，发挥"大院大所聚集"的优势，加快建设在京国家实验室，推进在京全国重点实验室体系化发展，推动重大原理、理论、方法等基础研究，服务于国家现代科学。支持各类创新主体依托重大科技基础设施开展科学前沿问题研究，提升科学发现和原始创新能力。系统布局空天、生命科学、量子信息、智能融合、材料科学等重点领域跨领域、跨学科、大协作的科学研究体系，营造"自由探索""十年磨一剑"的科学氛围，提升我国原始创新能力、国际科学影响力，推动实现高水平自立自强。

9.2.2 增强科技对产业的引领力，加快产业基础高级化

提升科技创新能力并创造经济社会发展源源不断的新动能，是科创中心建设的根本要义。

一是精准分析领域特色，发展壮大新兴产业。发挥北京高精尖产业优势，突出在人工智能、量子信息、区块链等研究和应用的全球引领作用，加大未来技术、基础性技术的支持力度，抢占产业技术制高点。明确形成核心竞争力的技术，为广泛中小企业技术支撑，形成大中小企业融通发展产业生态。探索支持学术型大学衍生新企业的"学术创业"政策，推动更多科研团队通过新技术孵化新企业。探索从线性创新到网络化创新的新型产学研合作机制，推动初创企业快速成长为"参天大树"。

二是重视变革性先进制造技术，以"智造产业"带动现代产业体系构建。加强数字技术与制造产业融合、制造业与服务业融合，加大对资本密集型、高技术密集型智能制造业的支持力度，利用京津冀区域发展基础，促进智能化、轻量化、绿色化发展。建议以增材制造、数字制造、半导体制造、柔性电子和传感器制造、生物医药制造等先进制造为主，确定技术路线和发展方向，构建全球有影响力的创新型产业集群。

三是培养多元化高端科技服务人才，提升科技创新服务水平。增加政府资助计划（项目）在成果应用、人才培育方面的功能，探索将新职业、新人才培训纳入科技计划（项目）的考核范围，增强多元化、多层次培育

人才的能力，提升研发人才、技术人才、商务人才、科技服务人才的匹配和合作水平，满足新职业、新兴产业的多元化人才需求。

9.2.3　完善技术与产业深度融合机制，增强企业科技竞争力

缩短科研成果到产业应用周期、加速科技与产业深度融合、促进企业壮大，是研发驱动源发型创新体系需要持续破解的难题，加强政策协调度，多管齐下扩大叠加效应。

一是推广概念验证中心经验，缩短基础研究到产业化发展周期。概念验证中心能填平实验室基础研究成果与可市场化成果之间的鸿沟。建议将中关村科学城实施的"概念验证支撑计划"的经验推广到北京全区域，全方位建立从技术到产业的概念验证中心，加快概念验证、测量技术和标准等具有正外部性公共品私人投资不足的问题，弥补市场失灵，跨越科学到技术到产业死亡之谷。

二是完善服务企业科技创新机制。将经济社会效益指标纳入非自由探索科技计划（项目）、新型研发机构的考核评审，探索增设"产业共性技术服务"等考核指标。大规模产业化需要广泛的企业参与和更广泛的产学研合作，完善新技术到产业化的"基础设施"。建立楼上原始创新—楼下中试转化的"楼上楼下"创新创业综合体。优化政府引导基金对种子期、初创期、成长期到成熟期的科技财政、科技金融支撑体系。加强对中小企业的支持和服务，发展壮大科技初创企业，营造大中小企业融通创新生态。

三是进一步凸显企业创新主体地位。建立完善市场化、法治化、国际化的体制机制，构建有利于创新的生态系统，培育一批在细分领域具有增长潜力的企业，实现持续、绿色和包容性增长。鼓励企业开展应用基础研究，规模化发展研发经济，打通纯基础研究和纯应用研究之间的通道。激励企业，特别是科技领军企业进入"巴斯德象限"，加强应用基础研究，构建基础研究支撑产业创新、产业创新反哺基础研究的科技创新大循环。在全球范围内，针对非京科技领军企业，努力将其研发总部汇聚北京，结

合北京科创资源，发展北京的研发经济 [①]。

9.2.4 发挥科技金融优势：完善资金投入机制，探索金融科技 "监管沙盒"

一是发挥北京在支持实体经济总量和价格方面优势。北京是全国资金中心，资金供给相对充裕，总部企业和大型企业多，筹集方式选择空间大，且议价能力强。在创业投资基金（VC）募资方面，北京优势更为突出，为"独角兽"企业发展提供了资本集聚优势。为此，应充分发挥政府财政引导作用，完善金融监管模式，鼓励金融机构创新金融产品，提升金融科技创新积极性。

二是探索设立科技创新"自由港"，集聚世界各类人才。借鉴金融科技"监管沙盒"（Regulatory Sandbox）经验，在自主创新示范区、城市副中心等重点区域设立科技创新"自由港"，探索运用信息公开、产品公示、监管合作等柔性管理方式，在设定好风险补偿和退出机制的情况下，创新主体在一定区域内测试其产品和服务，打造包容审慎的创新环境。从人才所处行业来看，应进一步出台相关政策，扭转 IT、通信、电子、互联网行业人才流失严重的现象，吸引医疗健康等优势领域人才。通过传统街区升级改造，打造集居住、工作空间及各种创新要素于一体的新型创新街区，降低生活成本，提高创新效率。从人才所处的层次来看，针对青年人才，应进一步完善人才资助体系，扩大国家科学基金、专项、计划等对优秀青年人才的支持力度。针对高层次人才，应实施更为开放的人才引进政策，建立更为完善的人才配套制度，支持高校、科研院所和企业面向全球引进高端科技和创新人才，吸引全球高层次人才来华来京创新创业。扫除人才流动的制度障碍，搭建从战略科学家到领域顶尖人才以及青年科技精英的创新人才梯队。

---

① 尹西明，陈劲，刘畅.科技领军企业：定义、分类评价与促进对策[J].创新科技，2021，21（6）：1-8.

未来，还可以进一步探索"虚拟沙盒"与"沙盒保护伞"等形式作为补充。

9.3 推进环北京科技创新"蔓延式"发展

（一）京津冀协同更多停留在"京津廊"区域范围

京津冀城市群经济发展极化现象明显。其中，京津两市是京津冀城市群中经济最为发达且经济活跃度最高的城市，而距离京津两地较近的廊坊是河北经济比较发达且经济活跃度较高的城市。北京、天津、廊坊三市经济联系最为密切，其联系总强度位于京津冀城市群13个城市的前3位。具体来看，与北京经济隶属关系最为紧密的城市，首先是廊坊，其次是天津。与天津经济关系最为密切的，首先是北京，其次是沧州，廊坊紧随其后。由此看来，当前的京津冀协同发展，很大程度上，表现为"京津廊"的协同发展。廊坊路网密度居河北省第一位，基本实现了与京津半小时通勤，北京大兴国际机场通航启用，廊坊有望成为一座连通世界的空港城市，清华大学、北京大学等多个协同创新基地布局于此，京津研发、廊坊孵化转化势头初现。河北省其他城市大多成为"配角"和"看客"，虽然个别城市经济发展程度较高，但是真正参与京津冀协同发展的程度较低，而像南部距离较远的邢台、邯郸等城市，更难受到京津两地的辐射带动。

（二）渐次实现京津冀协同创新发展路径

要突破当前京津冀协同发展仅仅停留在"京津廊"协同发展这一现实，真正实现京津冀高质量协同发展，京津冀协同发展的步子应逐渐向前迈进。雄安新区距离北京和天津基本是一样的，都是90千米左右，京津雄三座城市形成了一个等腰三角形。按照由点到带，由带扩面的渐次发展逻辑，即由北京到京津冀廊协同带，再到京津雄创新三角，进而辐射带动更大范围。因为雄安新区隶属河北省，带动河北省产业转型升级和经济发展是其设立的重要意义之一。首先，依托雄安新区特殊的政治地位及地理位置优势，建立与京津两市的经济紧密联系，然后再向外扩散，实现蔓延式发展，使"京津雄"的协同成果更多地转移到河北省中部及南部城市，如保定、石家庄、邢台、邯郸等，而京津以北的城市，如承德、张家口、唐山等亦可通过雄安新区的带动，进一步加强与京津的经济联系，为京津冀高质量协同发展提供更广阔的腹地支撑，即从目前的"京津廊"线的协同发展，逐渐向"京津雄创新三角"面的发展过渡，最终实现京津冀高质量协同发展。

9.4 进一步发挥北京辐射作用，提升京津冀协同创新能力

全面对接国家创新驱动战略，在京津冀协同发展战略指导下，在更广的范围内、更大的空间上促进创新资源流动。北京是全国第一个减量发展的城市，通过减量双控、腾笼换鸟、城市更新等工作，有序疏解了非首都功能，为进一步以减量倒逼集约高效发展、优化科研环境提供了空间。应充分发挥北京在物质科学研究全球领先、人工智能方面拥有全球其他城市无可比拟的数据资源等优势，利用在高端制造、医药健康等方面所具备的原始创新优势，基于创新链和产业链的分工协作，推动这些创新链对应的产业链环节和相关企业在津冀建立相应的中试、孵化和生产基地。

一是培育次级节点城市，形成京津冀协同创新网络。基于"京津雄创新三角"，辐射带动更大区域，缩小北京与雄安新区、天津滨海新区、石家庄、廊坊、沧州等其他创新节点的能级差距，发挥这些地区在土地、交通、政策等方面优势，促进北京创新成果在京津冀区域内充分扩散，打造结合合理、梯度分布、分工协作的创新网络体系。

二是推动三地间基于创新链和产业链的分工协作，缩小产业结构差距。应充分发挥在物质科学研究全球领先、人工智能方面拥有全球其他城市无可比拟的数据资源优势，集聚在高端制造、医药健康等方面所具备原始创新优势，推动这些创新链对应的产业链环节和相关企业在津冀建立相应的中试、孵化和生产基地。同时，津冀也要大力促进产业结构智能化、数字化转型，推动产业链向高技术、高价值环节攀升，缩小产业结构差距。

三是布局高技术产业集群，打造区域科创走廊。依托北京的科创资源优势，在京津冀区域范围内，布局高技术产业，在十大"高精尖"领域形成规模更大、产业链更为齐全的产业集群，扭转产业发展相对不足的局势。雄安新区建设是千年大计，要依托其特殊的政治地位及地理位置优势，建立与京津两市的紧密联系，以雄安新区为纽带，使"京津雄"的协同成果更多地转移到河北省其他城市，从目前的"京津廊"协同逐渐向"京津雄"协同转化，进而带动石家庄、沧州等地发展，形成跨越三地的"科创走廊"，作为高技术产业集成的空间载体，最终实现"京津冀"协同，形成协同创新共同体。

四是完善创新环境、创新制度供给，提升津冀对北京产业的承接能力。以北京非首都功能疏解为契机，进一步增强京津冀三地制度的一致性，津冀两地要大力改善创新环境，积极培育市场主体，营造办事方便、法治良好、竞争有序的营商环境，提升对人才和企业的吸引力，进一步提升对北京产业的承接能力。

9.5 构建京津冀协同创新网络

（一）推动京津冀创新要素自由流动

一是进一步完善创新扩散机制。创新扩散机制是经济发展动能的"传送装置"，是破解经济与科技"两层皮"问题的关键。以创新高地为核心支撑，提升腹地对创新成果的吸纳转化能力，是实现创新源及其腹地间的良性互动的关键[1]。因此，天津、河北应当紧紧围绕北京的优势研发资源，完善产业承接、配套与转化体系[2]。

二是缩小北京与其他创新节点城市的能级差距。应加快壮大雄安新

---

[1] 叶堂林，李国梁. 京津冀创新扩散机制及扩散成效研究：基于京津冀、长三角两大城市群对比［J］.经济社会体制比较，2019（6）：166–177.

[2] 杜勇宏，王汝芳. 基于研发枢纽—网络的京津冀协同创新效果分析［J］.中国流通经济，2021，35（5）：85–97.

区、天津滨海新区、石家庄、廊坊、沧州等重要创新节点的发展，使其加强与北京的科技合作。依托北京"三城一区"创新优势，推动北京高校院所在上述重要节点地区设立分支机构，共建研发平台和转化基地，共享人才、技术等创新资源，推进创新要素在区域间的自由流动，弥合城市群内部及城市间的创新鸿沟。

三是建立合作实验基地。从一小时都市圈发展的角度，选择廊坊等区域，聚焦一到两个产业或产业环节，充分利用各地的合作基金，打造科技合作基地。进而，一方面可以发挥三地各自优势，聚集创新资源、政策资源、产业资源，合力做好京津冀协同创新大文章，避免资源分散。另一方面可以通过大胆创新政策，为深入合作蹚出新路。

（二）构建完善的产业发展网络

京津冀三地的协同创新，需要从产业需求出发，利用专业的力量对围绕产业中的关键技术、共性技术进行协同攻关，促进产业升级和产业聚集。

一是更加关注企业创新。在信息技术支持下，企业之间基于核心能力，依靠价格机制和市场机制配置资源，建立在信用基础之上的合作，可形成具有网络特性且相对稳定的产业发展网络。

二是更加关注制造业创新。大力发展制造业，提升制造业创新水平是促进北京创新成果区域内转化、缩小三地经济发展差距的关键。制造业是科技创新最密集的产业，80% 的产业都发生在制造业，制造业尤其是先进制造业内部具有强大的产业链分工特性，能够大幅提升区域内产业协同，提升区域经济发展水平[①]。因此，京津冀三地应合力发展先进制造业，构建现代化产业体系，而非一味采取"退二进三"的产业结构转变方式[②]。

三是津冀两地要做好产业发展定位。由于天津比较优势行业与北京重合度较高，须从这些行业内部寻求基于不同产业链环节的合作，打造优

[①] 皮萨诺，史 . 制造繁荣：美国为什么需要制造业复兴 [M]. 机械工业信息研究院战略与规划研究所，译 . 北京：机械工业出版社，2014.

[②] 张茂榆，冯豪 . 城市群政策助推经济高质量发展的机制研究：基于四个国家级城市群的经验证据 [J]. 经济问题探索，2021（9）：87-102.

势产业链式的合作模式；河北也不能以吸引产业转移为主，而是应依托钢铁、化工等产业优势，为北京制造业研发提供配套服务，力争能够为北京制造业发展提供基础材料、基础零部件，在轻工业方面力争为北京生产更多中高端消费品[①]。

（三）构建城市空间网络

一是增强制度邻近性。以北京非首都功能疏解为契机，进一步增强京津冀三地制度的一致性、连贯性，津冀两地要大力改善创新环境，积极培育市场主体，营造办事方便、法治良好、竞争有序的营商环境，提升对人才和企业的吸引力，进一步提升对北京产业的承接能力。

二是布局高技术产业集群，打造区域科创走廊。依托北京的科创资源优势，在十大"高精尖"领域形成规模更大、产业链更为齐全的产业集群，扭转产业发展不足的局势。依托雄安新区特殊的政治地位及地理位置优势，建立与京津两市的紧密联系，使"京津雄"的创新成果更多地转移到河北省其他城市，进而带动石家庄、沧州等地发展，形成跨越三地的"科创走廊"，作为高技术产业集群的空间载体。

三是构建京津冀利益共同体。加强税收共享、科研和产业飞地等机制改革和合作模式创新，推动三地创新主体实现利益分享。建立纵向有中央部委参与的联合管理体系，横向有动态协商协调的区域创新体系。以互惠互利、优势互补、结构优化、效益优先为原则，寻求区域利益最大公约数。探索"空间拓展＋政策推广"的模式，将北京中关村享受到的政策逐步辐射到津冀地区，构建京津冀协同创新共同体。

9.6 以首都产业疏解促进京津冀产业结构转型升级

2015 年 4 月 30 日，中央政治局正式审议通过《京津冀协同发展规划

---

① 孙久文.雄安新区在京津冀协同发展中的定位［J］.甘肃社会科学，2019（2）：59–64.

纲要》，明确提出要在京津冀区域内通过空间布局，推动产业转移对接。习近平总书记在党的十九大报告中又明确指出"以疏解北京非首都功能为'牛鼻子'推动京津冀协同发展"，非首都功能疏解是京津冀协同发展当中最重要的一环。而通过产业转移，能够有序疏解北京非首都功能，解决北京"大城市病"问题，实现人口、产业的均衡分布。因此，产业疏解是推动京津冀高质量协同发展最有效的手段之一。2014 年，北京市就开始实行产业疏解政策，去存量、控增量，以疏解整治促提升。2015 开始在细分领域前提下进行存量疏解，坚决退出一般性产业，特别是高耗能产业，加快疏解区域性批发市场、医疗教育、市属行政事业型机构及企业总部等，2017 年实行十大清理措施，清理违章建筑、无照经营、城乡接合部等。2018 年又出台《北京市新增产业的禁止和限制目录（2018 年版）》严格控制增量，相较于 2015 年版《北京市新增产业的禁止和限制目录》，新版进行了 73 处修改，目标是进一步提升城市品质、保障城市运行效率和提升居民幸福生活指数。

目前，基于各种疏解措施多管齐下，已在北京人口规模调控、京津冀协同发展方面初见成效。自 2014 年起，北京市常住人口连续保持增量、增速的"双下降"，2017 年年末，北京市常住人口为 2170.7 万人，比 2016 年减少 2.2 万人，是 2000 年以来的首次负增长。区域协同发展成效也较为显著，围绕北京科创中心建设，部署了建设京津冀协同创新共同体 16 项任务和 2 个项目，在弥补河北科技创新短板上取得明显成效，"十三五"期间吸纳京津技术合同成交额超 900 亿元，京津冀区域一体化进程进入快车道。可见，产业疏解对于人口疏解、区域协同发展等具有一系列的连锁反应，从输出地的角度讲，产业疏解一定程度上可以带动就业人口的转移，以减量倒逼集约高效发展。从输入地的角度讲，可以加速两地间的人才交流、促进当地产业结构转型升级、带动经济发展。因此，产业疏解关系到人口变迁、经济发展等区域协调发展问题，是一个系统性问题。

为进一步优化首都产业疏解对京津冀协同发展的作用效果，应特别注意以下几个方面的问题。

一是注意区分产业政策。推动政府顺应新经济发展，更多地制定功能性产业政策，促进京津冀产业政策向新兴产业和高新技术倾斜，提升政策的时效性和前瞻性。产业疏解本质上是市场化改革的重要组成部分，应充分发挥市场在产业转移中的基础性作用，完善京津冀产业政策的对接机制，在疏解和承接之间、部分承接和整体承接之间寻求三方都能接受的效益基点、技术体系和人力资源基础。

二是关注产业疏解的系统效应。产业疏解对于区域协同发展具有一系列的连锁效应，牵一发而动全身，须站在京津冀协同发展的高度，明确首都产业疏解在京津冀整个经济和社会系统中的作用机制，兼顾人口疏解、生态环境保护和经济社会发展，一方面解决北京的"大城市病"问题，另一方面辐射带动津冀地区发展，突破京津冀协同发展不足的"阿喀琉斯之踵"问题。

三是发挥比较优势，逐步实现产业协同发展。北京处于后工业化时期，逐渐实现以科技、高端服务、金融等为主导产业，处于产业链的前端，而天津、河北处于产业链的中后端。京津冀三地产业互补性强，应明确三地的产业分工体系，充分发挥北京高端人才集聚、科技基础雄厚的创新优势，提高研发服务高端产业能力，尤其高端制造业。同时，在津冀区域重要节点布局高技术产业集群，大力促进两地产业结构转型升级、缩小差距，更好地承接首都产业疏解。

四是推动三地间基于创新链和产业链的分工协作。要围绕北京在新一代信息技术、生物医药、人工智能、新能源汽车等高技术产业的优势，推动这些创新链对应的产业链环节和相关企业在津冀建立相应的中试、孵化和生产基地。使北京一些非首都核心功能的大量高端经济和产业功能外迁至以雄安新区为主的其他区域，推动津冀地区产业链向高技术、高价值环节攀升，促进产业结构优化升级，形成优势互补的产业发展格局[1]。

---

① 任保平，豆渊博."十四五"时期新经济推进我国产业结构升级的路径与政策[J].经济与管理评论，2021，37（1）：10-22.

9.7 建立央地协同新机制，打破创新资源流动壁垒

通过中央层面全局统筹和地方层面重点配套相结合，建立面向中央政府和地方政府的利益共享机制，统筹中央和北京科技服务平台、高校实验室建设，避免资源浪费和重复配置，重点培养市属院校重点学科，畅通首都与国家科技创新资源之间的转化通道。科技创新领域具有"一高两多"的特点，即站位高、涉及部门多和涉及区域多，这就要求顶层设计与重点突破并重，在中央层面全局统筹和地方层面配套政策的基础上，科技部门协调国家发展改革委、财政部、商务部、工信部、中国人民银行、教育部等统筹科技创新资源。

一是更好地利用北京"三城一区"科技创新主平台建设科技创新中心。利用北京"国家服务业扩大开放综合示范区和中国（北京）自由贸易试验区"两区建设的政策优势，形成具有"管家式服务"特征的营商环境。以怀柔科学城建设为例，应建立由中央主管部门、中国科学院和北京市政府共同推进的怀柔科学城建设发展机制，吸引国内外优势科研力量，加快推动"十三五"时期布局的 29 个科学设施平台投入使用。

二是推动形成央地利益共享机制。充分利用全国一流的市属教育、医疗等资源优势，营造良好生活环境，更好地为科研人员服务，产生更多科研成果，同时从整体上提升北京的科研实力，形成良性循环。

三是探索中央和北京市共同建立颠覆性技术创新基金。效仿欧盟模式，由区域成员共同出资合作攻破关键共性技术，充分发挥财政资金的引导和放大效益，广泛吸纳各方资本参与，形成符合科技创新规律和产业变革发展方向的颠覆性技术创新发掘、资助、管理、服务机制。

四是完善部省会商工作机制。通过科技部与省级政府围绕重大科技事项进行的战略性磋商、互动，发挥国家科技资源的核心支撑与引领作用，精准、高效驱动各省市经济社会的跨越式发展，从而推动区域创新体系建设，使科技更好地服务于地方经济和社会发展。

9.8 重点任务清单

立足三地的定位，基于前文所分析的路径选择，提出推进京津冀协同创新的重点任务清单。

（一）加快推进雄安新区国家级科技新城建设

一是充分借鉴日本筑波科技新城建设经验，以完善的法律法规促进雄安新区国家级科技新城的建设，争取国家出台雄安新区城市建设法、雄安新区发展大纲；争取在新区内开展科研事业单位管理机制、科研成果价值化实现机制、适合创新发展的税制安排、政府科技研发资金投入方式等方面的改革创新。

二是探索骨干创新载体引进发展新路径，在新区内采取"整体委托开发管理"的模式，选址建设"第二中关村""第二未来科技城"；依托疏解的北京大专院校和研发机构，借鉴美国"硅谷模式"，建设大学科技园；借鉴深圳新型研发机构发展经验，借势骨干创新机构的迁入，结合产业发展需求，以政府投入资金，骨干研发机构投入科技成果、人才团队、品牌、仪器设备的"共同投入"方式，建设"事业单位、企业化运作"的新型研发机构。

（二）在河北·京南国家科技成果转化转移示范区开展多层次示范试点

一是探索跨区域科技成果转移转化模式，重点推进以区域内骨干企业为核心的科技项目合作模式和跨区域企业技术中心组建模式，以区域核心产业为重点的应用型产业技术研究院引领模式，以中介机构为核心的科技中介"牵线搭桥"模式，以载体建设为核心的成果转移转化载体建设推动模式和以京津先进适用技术转化为核心的产业技术衍生模式。

二是探索创新跨区域科技成果转移转化机制，加快应用型技术研究院组建管理体制、创新型产业园区共建机制、自主创新产品应用机制、市场化技术转移服务机构培育机制等方面的创新。

（三）积极推进京津冀产业创新联盟建设

依托我国第一个综合类国家技术创新中心和重点建设的国家战略科技力量，在京津冀国家技术创新中心采取大学"育种"、中心"育苗"、企业"育材"、区域"成林"的发展模式基础上，培育专业平台、研发原创技术、培育新兴产业、培养创新人才。

一是根据京津创新优势领域和河北产业创新发展需求，着重加强可再生能源、大数据、钢铁、现代农业、生物医药、高端装备制造等6个京津冀创新联盟的构建，形成京津冀区域创新优势领域共建的有效载体。

二是围绕产业创新联盟构建的各个关键环节，建设由关键技术集成创新平台、综合利用平台（产业基地）、服务平台构成的产业创新联盟，遴选出对产业创新发展具有引领作用的机构作为联盟的主导核心单位。

三是充分借鉴美国制造业创新联盟的管理运行经验，建立组建跨区域、跨部门的京津冀产业技术创新联盟管理办公室，负责产业技术联盟的认定和审批，产业技术联盟建设运行过程中的管理、协调和监督，产业技术创新联盟发展方向的把握和调整。建立创新联盟内部以董事会为核心的运行机制，组成独立的信托董事会，选出执行董事作为领导，负责联盟的日常运作，同时选出若干副理事，分别主管技术发展、技术转移、先进制造企业等事务。

（四）实施河北传统产业创新集群升级计划

河北传统产业分为特色鲜明的2类：一类是以钢铁、化工、建材等资源型产业为主，产业规模体量大，大型骨干企业多，具有一定的产业创新基础，是全省供给侧结构性改革的重点；另一类是以纺织服装、农副产品加工、塑料五金等劳动密集型产业为主，以中小型企业为主，创新能力很弱或几乎没有，是部分县域经济可持续发展的重点。鉴于2类传统产业特点不同、创新发展的目标不同，必须实施不同的创新集群升级路径。

一是传统优势产业以骨干企业为核心的创新集群升级路径。以现有骨干企业技术研发机构为主体，联合京津高校、研究机构，共同组建由政府、高校、研究机构和骨干企业组成的行业技术研究院，聚焦行业关键共

性技术开展研发、促进重点制造环节技术的产业化应用，为创新集群建设乃至更大范围的行业发展提供技术支撑。

二是县域特色产业以创新驿站为核心的创新集群升级路径。与京津对口科研机构合作，以建立分支机构或共建等方式建设集群公共技术创新中心（创新驿站），针对集群工艺改善、设备改造、产品升级换代等共性技术问题开展研发，推动京津研发机构新技术在产业集群中的产业化应用，提供本行业创新活动信息，为集群跨区域的技术传播和转移提供服务。积极引入京津专业化技术孵化基地建设运营商，建设集群技术孵化基地和创业基地。借鉴日本创新集群发展经验，建立以行业协会为主体的集群创新发展管理协调机制。

三是推行"链长"制，打造若干世界级产业集群。探索建立京津冀重点产业链"链长"制，设立京津冀产业链协同发展相关职能部门，重点解决三地产业链对接过程中的体制机制障碍、GDP 分计、税收分享等跨行政区难题，围绕特定区域产业链的"缺链、断链、弱链"等问题列出责任清单，以责任清单实施进度作为"链长"的考核指标。打造先进铁基材料、金属制品、装备制造（重型）等产业链集群；新能源汽车（智联、专用）、轨道、航空交通装备及零部件产业链集群；新一代信息技术产业、数字经济产业链集群；生物医药、现代食品、健康养老等产业链集群。

四是围绕产业合作的关键领域加强协同创新。从京冀创新联系较为紧密的仪器仪表制造业、电气机械和器材制造业及河北具有一定创新基础的通用设备制造业、专用设备制造业等领域，加强北京相关产业向河北转移和辐射带动；京津冀之间，以金属制品业为突破口，推动京冀、津冀产业联动发展。

（五）做强节点城市，构建等级合理的梯次型城市群

一是做大创新链节点城市，优化产业载体空间布局。雄安新区和北京城市副中心的建设是优化京津冀空间布局的重要举措，同时通过城市扩容打造保定、唐山等多个功能性区域中心城市，注重这些城市的基础设施建设和科技创新能力提升，吸引京津创新成果的落地转化，形成"反磁力中心"，缓解北京"大城市病"。

二是基于区位优势，建设 3 个都市圈。北京都市圈：规划建设以首都北京为核心，涵盖河北保定、廊坊、张家口、承德及其下属城镇在内的北京都市圈，形成"1+4"格局，实现首都综合服务功能提升和区域可持续发展。天津都市圈：以天津为核心，涵盖河北唐山、沧州、秦皇岛、廊坊，并与北京都市圈相互耦合的天津都市圈，强化创新驱动和产业对接，打造京津冀协同发展的滨海经济带，不断提高天津对河北的辐射和带动能力。石家庄都市圈：以石家庄为核心，辐射衡水、邢台、邯郸、定州等地区的石家庄都市圈，提高省会城市的辐射带动能力。

（六）培育环首都特色卫星城镇，有序承接非首都功能和首都人口疏解

一是在北京周边择优发展和重点培育。综合考虑承接非首都功能的便利程度和北京功能疏解任务要求，结合各地交通、生态、文化、产业基础条件，考虑在北京大兴国际机场周边、怀来官厅水库附近、涞水产业新城近邻、雄安新区核心区周围，重点在张家口怀来、涿鹿、张北，承德滦平、兴隆，保定涿州、高碑店、涞水，廊坊香河、霸州、大厂等北京周边县市选取重点乡镇，打造形成对非首都功能转移具有较强吸引承接能力的特色卫星城镇。

二是明确特色卫星城镇的功能定位。根据城镇资源禀赋和区位特点，重点聚焦特色产业集群和文化旅游、健康养老等现代服务产业，差异定位、错位发展，挖掘内涵，增强特色产业集聚度，避免同质化竞争。

三是创新特色卫星城镇开发运作方式。坚持政府引导、企业主体、市场化运作原则，在做好规划编制、基础设施配套、资源要素保障、文化内涵挖掘传承、生态环境保护等方面工作的基础上，积极引入有影响力的战略投资者参与特色卫星城镇开发运营，将其打造成为承接北京非首都功能疏解的重要载体[①]。

---

① 河北省发展和改革委员会宏观经济研究所课题组，李岚. 京津冀协同发展研究：河北省推进京津冀协同发展研究［J］. 经济研究参考，2018（15）：3-25.

四是探索小镇以外推型为核心的发展路径。鼓励创新小镇加强与京津骨干研发机构、大专院校、创新创业服务机构的联系，吸引上述机构迁入或在小镇建设分支机构，借助骨干机构的品牌效应和行业影响力，吸引国内外同行业和配套行业企业、人员入驻，尽快推动创新小镇的形成。

五是完善创新小镇建设管理机制。鼓励小镇专业运营商、特色产业领军企业、骨干研发机构等通过资源整合及市场化运作方式，成为特色小镇开发运营商，在小镇推行当地政府与管理机构协调合作的管理运行机制 ①。

---

① 河北省发展和改革委员会宏观经济研究所课题组，罗静. 借力北京资源提升河北创新水平研究 ［J］. 经济研究参考，2018（15）：64–73.

第十章　结论与建议

本章在分析京津冀协同创新发展的基础上，得出推动区域协同创新是区域创新发展的关键路径的结论，并提出适用于推进全国范围内区域协同创新的政策建议。

10.1　结论：推动区域协同创新是区域创新发展的关键路径

进入高质量发展新阶段，推动区域创新发展成为我国实现多重战略目标的重要任务，其主要路径是充分发挥科技创新集聚与扩散效应，增强区域创新网络、提升产业链发展能级，辐射带动地区一体化高质量发展。协同创新是推动区域科技创新发展的内在要求，是知识创新、科技创新、制度创新三位一体的系统构建。各城市群、都市圈是区域协同创新的核心载体，区域协同创新主要表现为以区域内各大中小城市、卫星城等不同等级城镇作为创新载体，以企业为主体的各创新主体通过交互作用与优化配置组合，形成一种高效的资源配置方式，实现新的系统功能，使区域内各创新要素得到高效利用，加快知识溢出和技术转移，快速提升区域创新能力。

从区域层面来看，不同规模城镇分别居于创新链、产业链的不同位置。都市圈内的大城市作为核心，创新资源集聚程度高，居于创新链的前端；位于都市圈内的各中小城市、小城镇由于价格成本较低、创新空间充足，是大城市创新成果应用、产业发展的最佳选择；而各卫星城由于具有一定特色或者某一产业体系较为完整的特点，可以作为都市圈创新发展的有力支撑。

从主体层面来看，企业是都市圈协同创新的主体，还包括其他创新主体，如知识创新主体—高校、技术供给的主体—研究机构，制度创新的主体—政府，以及科技服务提供者—中介机构等（图 10-1）。在创新主体的协同过程中，企业依据市场动态和技术发展需求与其他创新主体通过运用各种创新要素，进行不同形式的协同。创新主体在都市圈各区域层面内通过协同交互和耦合形成网络化的创新合作关系，从而推动产业发展与创新发展同步推进、产业链创新链深度融合，所产生的经济社会效应大于个体效应之和，从而突破空间限制带动整个区域的繁荣发展。

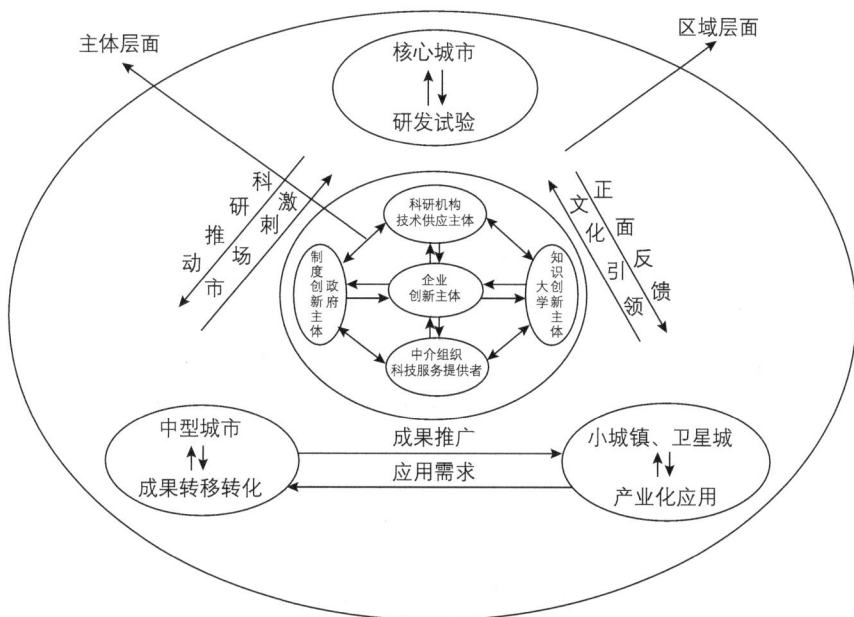

图 10-1　区域协同创新的关键路径

10.2　推进区域协同创新的政策建议

（一）加速区域创新资源要素集聚

聚焦区域发展的战略目标任务，推动创新资源集聚。一是培育国家战略科技力量，整合都市圈创新资源、引进国内外创新人才和要素，培育建设国家实验室、国家科研机构、高水平研究型大学、科技领军企业，承担国家使命任务。二是推动重大科技基础设施和平台载体向更多有条件的区域加快布局，支持更多区域提升科学研究基础能力，产出更多前沿科技成果。三是统筹区域内部各城市之间的产业转移和利益共享体系。探索核心城市品牌产业园区以"轻资产"输出为主导，为共建园区提供管理经验、运营模式、招商资源的新模式。在区域内其他层级城市，以产业分工为重点，制定合理的利益共享分配新制度，商定共享包括税收、招商引资、产值等合作成果，实现区域内部主体共赢，共同推动区域良性发展的新途径。

（二）从国家层面，考虑选择若干城市群、都市圈建设区域科技创新中心

为推动区域协调发展，促进新型城镇化取得实质性成就，确保产业集群创新发展，辐射带动一批城市高质量发展，要大幅提升都市圈创新发展能力。应在加强都市圈创新发展研究的基础上，综合国家战略任务、科技研究基础、创新型产业发展情况、产业链安全等因素，选取若干都市圈建设区域科技创新中心。加速创新资源向都市圈集聚，推动重大科技基础设施和平台载体向更多有条件的都市圈加快布局，整合都市圈创新资源、引进国内外创新人才和要素。将国家高新区作为都市圈创新资源重要承载地，推动国家高新区与其他创新载体联动发展，打造都市圈内创新高地。

（三）从区域产业发展层面，强化区域产业链创新协同

一是针对区域战略性产业领域共性技术需求，建设一批行业共性技术平台，加快战略性行业和新兴产业重大共性、关键技术的攻关和推广应用。二是推动区域科技创新领军企业加大在核心价值模块上的研发投入力度，在产业链关键技术领域形成非对称竞争优势，占据全球产业链高端环节。强化核心城市创新引领职能，探索跨区域体制机制和政策创新。支持在区域一体化发展中组建创新投资基金，支持产业技术创新攻关。三是大

力发展高新技术、专业性技术领域的中介服务机构，建立以市场化应用为导向的科技成果转移、扩散机制。四是推动都市圈区域市场全面开放，消除生产要素跨区域流动的壁垒与阻碍，推动产业跨区域转移。五是推动区域大中小城市产业分工与市场合作，避免核心城市产业单一化和空心化现象，推动区域产业链协同创新发展。

（四）从城市协同发展层面，优化都市圈协同创新组织与协调机制

一是推动区域内部城市组建跨区域层面的创新发展委员会，实施联席会议制度等，加大都市圈创新发展政策协同力度。二是加强创新主体协同创新行为的战略引领、有效激励和政策支持，如支持组建创新联合体、对联合研发进行补贴等。三是加强科技创新人才组织协调力度，为吸引国内外创新领军人才创造良好的政策环境，创新"柔性引才"模式，全方位促进人才交流与合作。四是强化区域内相关政府职能转变、职能分解和制度统筹，推进区域共同治理。五是统筹构建设区域内部各城市之间的产业转移和利益共享体系，推动实现区域内部主体共赢。